MW01247584

LA BIBLIA DE LA HAMBURGUESA CASERA

100 recetas de los mejores restaurantes de comida rápida del mundo para conseguir hamburguesas crujientes y sabrosas

Ermio Valdez

© COPYRIGHT 2022 TODOS LOS DERECHOS
RESERVADOS

Este documento está orientado a proporcionar información exacta y confiable sobre el tema y el tema tratado. La publicación se vende con la idea de que el editor no está obligado a prestar servicios de contabilidad, autorizados oficialmente o calificados de otro modo. Si es necesario un consejo, legal o profesional, se debe solicitar a una persona con práctica en la profesión.

De ninguna manera es legal reproducir, duplicar o transmitir cualquier parte de este documento en medios electrónicos o en formato impreso. La grabación de esta publicación está estrictamente prohibida y no se permite el almacenamiento de este documento a menos que se cuente con el permiso por escrito del editor. Reservados todos los derechos.

Descargo de responsabilidad de advertencia, la información contenida en este libro es verdadera y completa a nuestro leal saber y entender. Toda recomendación se hace sin garantía por parte del autor o la publicación de la historia. El autor y el editor renuncian y asumen responsabilidad en relación con el uso de esta información.

Sommario

5

INTRODUCCIÓN

Las hamburguesas son uno de los platos más simples de preparar, así como uno de los más rápidos y convenientes de consumir, ¡por eso tienen tantos seguidores! Al variar los condimentos y los ingredientes del sándwich, puede preparar una variedad de hamburguesas diferentes. Podemos utilizar diferentes tipos de carne para hacer las hamburguesas, como aves, ternera, cerdo e incluso hamburguesas vegetarianas, además de los diversos condimentos. En este libro, encontrará una variedad de recetas de hamburguesas que le harán la boca agua.

PLATO PRINCIPAL

1. Hamburguesa con tocino y aguacate

ingredientes

- 400 g de carne de vacuno picada (magra)
- sal
- pimienta
- 2 tomates
- 1 cebolla (pequeña, roja)
- 1 aguacate (maduro)
- 2 cucharadas de mayonesa original (80% de grasa)
- 1/2 lima (jugo y ralladura)

- 4 rebanada (s) de tocino (magro)
- 4 bollos de hamburguesa **preparación**

2. Para la hamburguesa con tocino y aguacate, primero ponga la carne picada en un bol, sazone con sal y pimienta y mezcle bien. Forma cuatro empanadas.

3. Cortar los tomates y las cebollas en rodajas y aros.

4. Cortar el aguacate por la mitad, quitar el hueso, ahuecar la pulpa y cortar en cubos del mismo tamaño.

5. Condimente el aguacate con mayonesa, ralladura de lima, jugo de lima y pimienta y mezcle bien.

6. Asa las hamburguesas durante 3-4 minutos por cada lado o al gusto. Luego bájelo y manténgalo caliente. Luego sofreír el tocino por ambos lados durante 1 minuto hasta que esté crujiente. Corte los rollos y tueste ligeramente las superficies cortadas.

7. Cubre la mitad inferior con las hamburguesas, tomates y cebollas, luego agrega la mayonesa de aguacate, termina con el tocino crujiente y coloca la segunda mitad sobre la hamburguesa con tocino y aguacate.

2. Hamburguesa italiana

ingredientes

- 500 g de carne de vacuno picada (magra)
- 2 cucharadas de perejil (picado)
- 1 cucharada de tomillo (picado)
- 1 cucharada de romero (picado)
- 2 cucharadas de albahaca (fresca)
- 10 aceitunas (negras)
- pimienta
- sal
- 4 cucharadas de mayonesa original (80% de grasa)
- 4 panecillos ciabatta (partidos por la mitad y ligeramente tostados en las superficies cortadas)
- 1 cebolla (pequeña, roja, cortada en aros)

- 70 g de cohete **preparación**
1. Para la hamburguesa italiana, primero mezcle las hierbas con la carne en un tazón grande, sazone con sal y pimienta. Forme cuatro hamburguesas. Picar las aceitunas y la albahaca.
2. Asa las hamburguesas por ambos lados durante 3-4 minutos.
3. Mientras tanto, mezcle la mayonesa con las aceitunas picadas y la albahaca. Sazone con un poco de pimienta.
4. Coloque las hamburguesas en la parte inferior de los panecillos de chapata asados, cúbralas con una cucharada de mayonesa de aceitunas, aros de cebolla morada y rúcula, coloque la segunda mitad del panecillo encima de la hamburguesa.

3. Hamburguesa de amaranto

Ingredientes

Para la hamburguesa:

- 1 paquete Iglo Amarant-Laibchen
- 1 pan de hamburguesa
- 2 rodajas de tomates
- 4 rodajas de pepino
- 1 hoja de lechuga
- Para la salsa de chile con crema agria:
- 2 EL Sauerrahm
- Salsa de chile dulce
- Salsa de soja
- sal

Preparación

1. Para la hamburguesa de amaranto, prepare las hamburguesas de amaranto de acuerdo

con las instrucciones del paquete y manténgalas calientes.

2. Cortar el pan de hamburguesa por la mitad y freír por ambos lados en una sartén caliente.

3. Mientras tanto, lave la lechuga, los tomates y el pepino, córtelos en rodajas y prepare la salsa de chile con crema agria.

4. Mezcle los ingredientes y sazone al gusto.

5. Para la hamburguesa de amaranto, cubra las mitades fritas de la hamburguesa con la salsa por dentro y cubra con lechuga, hamburguesas de amaranto, rodajas de tomate y pepino.

4. Hamburguesas de chuleta de cordero

Ingredientes

- Pita fina pequeña - 8 uds. (30 g cada uno)
- Carne de cordero picada - 450 g
- Queso feta (desmenuzado) - 0.25 tazas □ Comino molido - 0.25 cucharaditas.
- Pimienta negra molida - 0.25 cucharaditas.
- Aceite vegetal
- Cebolla roja (aros) para servir (opcional)
- Brotes de alfalfa para servir (opcional), pepino (rodajas) para servir (opcional) Para la salsa:
- Guisantes verdes congelados (descongelados) - 2 tazas
- Ajo - 2 dientes
- Menta fresca, hojas - 0.5 tazas
- Aceite de oliva - 1,5 cucharaditas.
- Agua - 1 cucharadita, sal - 0,25 cucharaditas

Preparación

1. Coloque todos los ingredientes para la salsa en el tazón de un procesador de cocina y muela hasta que quede suave. Deja la salsa a un lado. Enciende la parrilla para precalentar a temperatura media-alta.

2. En un tazón grande, combine la carne picada, el queso, el comino y la pimienta negra. Divida

la carne picada en 4 partes, forme una chuleta redonda de cada una.

3. Engrase la rejilla del grill con aceite vegetal, coloque encima las chuletas y fría unos 6 minutos por cada lado. Pasar las chuletas a un plato y dejar reposar durante 5 minutos.

4. Corta cada chuleta por la mitad a lo largo. Y corta cada pastel de pita por la mitad a lo largo, pero no hasta el final. En el medio de cada hoyo, aplique 1 cucharada. cucharada de salsa, ponga una chuleta y una selección de cebollas / brotes / pepino.

5. Sirve hamburguesas de inmediato.

5. Receta de hamburguesas

Ingredientes

- 800 gramos de pechuga de res (proporción de grasa)
- 80 gramos de caldo
- 10 gramos de sal finamente molida
- 10 gramos de pimienta negra recién molida

Preparación

1. Para preparar deliciosas albóndigas de hamburguesa que quedarán jugosas; Veinte por ciento del peso de la carne de pechuga agregando aceite después de tirar de la carne picada.

2. Amase la carne molida, a la que agrega el caldo preparado y la mezcla de sal / pimienta molida, y amase una pequeña cantidad en las hamburguesas. Levantar en el refrigerador para descansar.

3. Fríe las hamburguesas, que presionas en la parte media con el pulgar, según el grado de cocción deseado en la parrilla.

4. Si tu objetivo es preparar una auténtica hamburguesa casera, calienta los panes a la parrilla. Derretir una rebanada de queso sobre las albóndigas a la parrilla al gusto. Prepare la hamburguesa para servir con una variedad de salsas, encurtidos y verduras.

Comparta el calor con sus seres queridos.

6. Spring burger à la Sauerland BBCrew

Ingredientes

- 600 g de carne molida (para dos hamburguesas)
- 8 rebanadas de queso cheddar (u otro queso picante)
- 1 tomate
- 6 rebanadas de tocino
- cebollas
- ensalada
- cohete
- sal pimienta
- bollos de hamburguesa (posiblemente tostadas o pan para la porción intermedia)
- salsa chipotle

Preparación

1. Primero sazona la carne molida con sal / pimienta y la mezcla bien. La carne picada se usa luego para formar empanadas de 150 g. La mejor manera de hacer esto es con una prensa de hamburguesas. La salsa chipotle también se prepara con anticipación. *Interrogatorio intenso*

2. La parrilla se prepara para asar directamente a la parrilla a 200 - 230 ° C. Las hamburguesas se asan primero por un lado durante 3-4 minutos y luego se dan la vuelta. El queso se coloca ahora en el lado ya asado para que fluya bien. Mientras tanto, asa el panecillo intermedio por ambos lados para que quede agradable y crujiente, así como el tocino. Después de otros 3-4 minutos, las hamburguesas están listas.

3. Luego se remata la hamburguesa: la parte inferior del panecillo se recubre primero con la salsa de chipotle y se planta el primer panecillo encima. Esto se cubre con 2 rodajas de tomate y un poco de ensalada verde. Ahora viene la parte intermedia, con ella coges medio bollo (o también es posible tostadas o pan). Luego se cubre con la salsa

chipotle. Coloca la segunda empanada encima, luego el tocino, unas cebollas y un poco de rúcula. La mitad superior del panecillo se cubre con la salsa y la hamburguesa doble de ternera está lista: ¡carne jugosa y picante, tocino crujiente y salsa picante!

7. hamburguesa griega

Ingredientes
- 150 g de carne molida
- Queso feta
- Cebolla (roja)
- Pepperoni
- Olivos

- 1 cucharada de Gyros Rub
- Sirtaki
- Bollos de hamburguesa
- Tsatsiki

Preparación

1. Primero, mezcla la carne molida con el giroscopio (1 cucharada por hamburguesa). La carne picada se amasa bien para que la especia se distribuya uniformemente. Esto luego se usa para formar empanadas de 150 gramos, que se hace mejor con una prensa para hamburguesas. *Interrogatorio intenso*

2. La parrilla está preparada para asar directamente a la parrilla a 200 - 230 ° C. Las hamburguesas primero se asan a la parrilla durante 4 - 5 minutos por un lado y luego se dan la vuelta. Después de otros 4 a 5 minutos, las hamburguesas están listas. Luego se cubre el panecillo: primero esparce tsatsiki en la mitad inferior del panecillo y cubra con ensalada. A continuación, se pone encima la empanada, se vuelve a cubrir con tzatziki y se completa la hamburguesa con unos dados de queso feta, pepperoni, cebollas y aceitunas: ila hamburguesa griega está lista!

8. Hamburguesa de bistec de lujo

Ingredientes

- 1 filete de solomillo (aprox. 1 kg)
- Sal marina, gruesa
- Panes de hamburguesa
- 4 cucharadas de mayonesa
- romero fresco
- Rábanos en escabeche

Para las cebollas balsámicas:

- 2 cebollas
- 2 cucharadas de aceite
- 5 cucharadas de vinagre balsámico
- 1 cucharada de azúcar morena
- 1 cucharadita de pimentón en polvo
- sal pimiento

Preparación

1. El bistec se espolvorea con sal por ambos lados 30 minutos antes de asarlo a la parrilla. Mezclar una mayonesa de romero con la mayonesa, el romero fresco (1 cucharadita picado) y una pizca de pimienta.

Interrogatorio intenso

2. La parrilla está preparada para asar directa e indirectamente. El bistec se asa primero a la parrilla por ambos lados durante 3 minutos cada uno a fuego alto y directo. Tan pronto como le hemos dado a la carne una buena costra, se mueve hacia el lado indirecto, donde la tiramos hasta el grado deseado de cocción.

3. Mientras tanto, se preparan las cebollas balsámicas. El aceite se calienta en una sartén, luego se agregan las cebollas. Las cebollas se sazonan con pimienta, sal, pimentón en polvo y azúcar. Tan pronto como las cebollas se vuelvan transparentes, vierta el vinagre balsámico en la sartén y continúe

23

friendo a fuego lento hasta que las cebollas absorban el vinagre balsámico.

4. Una vez que la carne ha alcanzado su temperatura objetivo, aquí tenía 55 ° C en el centro, se corta en rodajas y se salpimenta y sala. La mitad inferior del panecillo se recubre con la mayonesa de romero, la carne, las cebollas balsámicas y las rodajas.los rábanos se colocan encima, ¡listo!

9. Hamburguesa de ternera desmenuzada

Ingredientes

- Carne desmenuzada
- Bollos de hamburguesa
- Mermelada de tocino y ciruela
- BBQ Sauce, aquí: BBQ King BBQ Sauce (a base de ciruelas)
- ciruelas

Preparación

1. Primero esparce 2-3 cucharadas de mermelada en la mitad inferior del panecillo. Se coloca encima una buena porción (aprox. 100 - 120 g) de carne desmenuzada. La cobertura de la hamburguesa consiste en un poco de salsa BBQ y 2-3 rebanadas finas rodajas de ciruela.

10. Hamburguesa de desayuno

Ingredientes (para dos hamburguesas)

- 300 g de ternera picada
- sal pimienta
- 6 rebanadas de tocino
- 1 tomate
- 2 huevos
- 2 rebanadas de queso (por ejemplo, cheddar)
- hongos a
- poco aceite para freír
- cohete
- 2 bollos de hamburguesa
- Salsa BBQ (por ejemplo, barril 51 de bourbon ahumado)

Preparación

1. Primero sazona la carne molida con sal y pimienta y la mezcla bien. La carne picada se usa luego para formar empanadas de 150 gramos, lo que se hace mejor con una prensa para hamburguesas. El tomate se corta en rodajas de 4 a 5 mm de grosor, los champiñones en rodajas de 2 a 3 mm de grosor.

Interrogatorio intenso

2. La parrilla se prepara para asar directa e indirectamente a 200 - 230 ° C. Los tomates se asan a la parrilla por ambos lados durante 2 minutos a fuego directo. El tocino se fríe hasta que esté dorado. Se calienta el aceite en una sartén y se fríen los champiñones. Cuando los champiñones estén bien fritos y suaves, los pones en una fuente refractaria y los colocas en el lado indirecto de la parrilla. El huevo frito ahora se fríe en la sartén.

3. Las hamburguesas primero se asan a la parrilla por un lado durante 3 a 4 minutos, luego se dan la vuelta. El queso se coloca ahora en el lado ya asado para que fluya bien. Después de otros 3-4 minutos, las hamburguesas están listas.

4. La mitad inferior del panecillo se unta primero con salsa BBQ, luego se cubre con rúcula y los tomates asados. Se coloca encima la hamburguesa de queso gratinado. A esto le sigue el tocino, los champiñones fritos y, por último, pero no menos importante, el huevo frito. ¡La hamburguesa del desayuno está lista!

11. Hamburguesa con mermelada de tocino y

chile

Ingredientes (para dos hamburguesas)

- 300 g de carne molida
- sal pimienta
- queso (por ejemplo, cheddar)
- ensalada
- cohete
- mermelada de tocino y chile
- bollos de hamburguesa

Para la salsa de coctel

- 3 cucharadas de mayonesa
- 1 cucharada de pasta de tomate
- 1 cucharada de salsa BBQ

- 1 chorrito de vinagre balsámico
- 1 pizca de sal, pimienta y azúcar

Preparación

1. Primero sazona la carne molida con sal y pimienta y la mezcla bien. La carne picada se usa luego para formar empanadas de 150 gramos, lo que se hace mejor con una prensa para hamburguesas. *Interrogatorio intenso*

2. La parrilla está preparada para asar directamente a la parrilla a 200 - 230 ° C. Las hamburguesas primero se asan a la parrilla durante 4 - 5 minutos por un lado y luego se dan la vuelta. El queso se coloca ahora en el lado ya asado para que fluya bien. Después de otros 4 a 5 minutos, las hamburguesas están listas.

3. La parte inferior del panecillo se cubre con la salsa de cóctel. La ensalada y la rúcula se colocan encima. A esto le sigue la hamburguesa gratinada con queso, encima de la cual se unta la mermelada de tocino y chile. La tapa está puesta, ¡la hamburguesa de mermelada de chile está lista!

12. Hamburguesa Oktoberfest

Ingredientes (para dos hamburguesas)

- 300 g de ternera picada
- Sal pimienta
- Cebolla
- Ensalada
- Piezas de pretzel de Snyder
- Rábanos 2 rollos de pretzel *Para el Obazda*
- 100 g de camembert (45% de grasa)
- 2 cucharadas de mantequilla
- $\frac{1}{2}$ cebolla finamente picada
- $\frac{1}{2}$ cucharadita de semillas de alcaravea trituradas
- sal pimienta
- polvo de pimentón
- 1 cucharadita de cerveza

Preparación

1. Primero sazona la carne molida con sal y pimienta y la mezcla bien. La carne picada se usa luego para formar empanadas de 150 gramos, lo que se hace mejor con una prensa para hamburguesas.

2. Para el Obazda, primero machaca el camembert con un tenedor y mézclalo con la mantequilla hasta que se convierta en una masa ligeramente desmenuzable. Esta masa se mezcla con la cebolla picada, las semillas de alcaravea, la sal, la pimienta, el pimentón en polvo y la cerveza. La obazda se mantiene fría hasta su consumo. *Interrogatorio intenso*

1. La parrilla se prepara para asar directamente a la parrilla a 200 - 230 ° C. Las hamburguesas se cocinan primero a la parrilla durante 4 a 5 minutos por un lado y luego se dan la vuelta. Ahora cubra el lado a la parrilla con 1 cucharada de obazda para que se derrame sobre las hamburguesas. Después de otros 4 a 5 minutos, las hamburguesas están listas.

2. Luego se cubre el rollo de pretzel: primero se extiende un poco de obazda en el rollo inferior y se cubre con ensalada. Luego se

pone la hamburguesa en el rollo, seguida de las rodajas de rábano finamente cortadas y los aros de cebolla. Todo está coronado por los trozos de pretzel: ¡pon la tapa y la hamburguesa Oktoberfest está lista!

13. Hamburguesa de salchicha

Ingredientes (para 1 hamburguesa)

- Salchicha Salsiccia fresca (aprox. 1 $\frac{1}{2}$ por hamburguesa)
- Hierbas Camembert de Cabra
- 1-2 cucharaditas de arándanos
- Chorizo Mermelada
- Cebollas de vino tinto
- Bollos de hamburguesa
- salsa BBQ
- 1 vaso de whisky (para flambear)

Preparación

1. Primero se quita la carne de salchicha de los intestinos. Para hacer esto, cortas el

intestino a lo largo con un cuchillo y lo arrancas. La carne de la salchicha se vuelve a amasar correctamente y luego se le da forma de empanadas. La mejor manera de hacer esto es con una prensa de hamburguesas.

Interrogatorio intenso

2. La parrilla se está preparando para calor directo. Las hamburguesas se asan a la parrilla durante unos 3 minutos por ambos lados. Después de darle la vuelta a la hamburguesa, se flambea con medio vaso de whisky.

3. Una vez apagadas las llamas, se coloca la hamburguesa en la zona indirecta, se remata con los arándanos y el camembert y se hornea por otros 2-3 minutos.

4. Mientras tanto, el pan de hamburguesa se calienta en el horno o parrilla y se cubre por un lado con el chorizo. mermelada. Luego viene la hamburguesa con arándanos rojos y el camembert. Finalmente, agregue unas cebollas al vino tinto y un poco de salsa BBQ sobre la hamburguesa.

14. Hamburguesa doble de ternera

Ingredientes

- 600 g de carne molida (para dos hamburguesas)
- 8 rebanadas de queso cheddar (u otro queso picante)
- 1 tomate
- 6 rebanadas de tocino
- cebollas
- ensalada
- cohete
- sal pimienta
- bollos de hamburguesa (posiblemente tostadas o pan para la porción intermedia)
- salsa chipotle

Preparación

1. Primero sazona la carne molida con sal / pimienta y la mezcla bien. La carne picada se usa luego para formar empanadas de 150 g. La mejor manera de hacer esto es con una prensa de hamburguesas. La salsa chipotle también se prepara con anticipación.

Interrogatorio intenso

2. La parrilla está preparada para asar directamente a la parrilla a 200 - 230 ° C. Las hamburguesas se asan primero por un lado durante 3-4 minutos y luego se dan la vuelta. El queso se coloca ahora en el lado ya asado para que fluya bien. Mientras tanto, asa el panecillo intermedio por ambos lados para que quede agradable y crujiente, así como el tocino. Después de otros 3-4 minutos, las hamburguesas están listas.

3. Luego se remata la hamburguesa: la parte inferior del panecillo se recubre primero con la salsa de chipotle y se planta el primer panecillo encima. Esto se cubre con 2 rodajas de tomate y un poco de ensalada verde. Ahora viene la parte intermedia, con ella coges medio bollo (o también es posible

tostadas o pan). Luego se cubre con la salsa chipotle. Coloca la segunda empanada encima, luego el tocino, unas cebollas y un poco de rúcula. La mitad superior del panecillo se cubre con la salsa y la hamburguesa doble de ternera está lista: ¡carne jugosa y picante, tocino crujiente y salsa picante!

15. Hamburguesa con queso y chile

Ingredientes (para 2 hamburguesas)

- 300 g de carne molida
- sal pimienta
- salsa de queso y chile
- 4 rodajas de tomate
- cebollas
- ensalada
- 4 tiras de tocino
- Salsa BBQ (por ejemplo, salsa BBQ al oeste de Texas)
- bollos de hamburguesa

Preparación

1. Primero sazona la carne molida con sal y pimienta y la mezcla bien. La carne picada se usa luego para formar empanadas de 150 gramos, lo que se hace mejor con una prensa para hamburguesas. Luego mezcle la salsa de queso y chile según la receta. *Interrogatorio intenso*

1. La parrilla está preparada para asar directamente a la parrilla a 200 - 230 ° C. Las hamburguesas primero se asan a la parrilla durante 4 - 5 minutos por un lado y luego se dan la vuelta. Después de otros 4 a 5 minutos, las hamburguesas están listas. Mientras la carne se asa a la parrilla, el tocino se asa a la parrilla hasta que esté crujiente.

2. Ahora la hamburguesa está cubierta: primero unte un poco de salsa de queso y chile en el pan de hamburguesa inferior y agregue un poco de salsa BBQ; extiéndalo bien. Coloque la hoja de lechuga y la hamburguesa encima. Se colocan cebollas y 2 rodajas de tomate sobre la hamburguesa y se rocían con la salsa de queso y chile. Por último, poner dos tiras de tocino crujiente encima y tapar. ¡La carne

es súper jugosa, va bien con la salsa de queso y chile y el panecillo casero completa la experiencia de sabor!

RECETAS VEGETARIANAS

16. bollos de hamburguesa

ingredientes

- 2 cucharadas. levadura seca
- 230 ml de agua (tibia)
- 80 ml de aceite vegetal (por ejemplo, aceite de oliva)
- 30 gramos de azucar
- 1 huevo
- 1 cucharadita de sal

- 450 g de harina de trigo
- Sésamo (blanco, para espolvorear)
- 1 clara de huevo (o un poco de agua, para cepillar)

preparación

1. Precalentar el horno a 220 ° C.
2. Mezclar la levadura con agua, aceite y azúcar y dejar reposar durante 5 minutos.
3. Agregue el huevo, la sal y la harina y amase hasta obtener una masa suave. Forma un rollo con la masa y divide en 12 piezas iguales. "Muela" cada porción en una bola: Gire las piezas de masa sin apretar entre la mano ahuecada y la superficie de trabajo hasta que la masa tenga una superficie lisa.
4. No coloques la masa demasiado juntas en una bandeja para hornear forrada con papel de hornear, cúbrela con un paño de cocina y deja reposar durante 15 minutos.
5. Unte los bollos de hamburguesa con un poco de clara de huevo (o agua) y espolvoree con semillas de sésamo.
6. Hornee durante 10 a 12 minutos.

17. Hamburguesa crujiente de nueces

ingredientes

- 250 g de nueces (mezcladas)
- 4 cucharadas de azúcar
- 3 cucharadas de aceite de oliva
- 2 cucharadas de miel
- 100 g de aceitunas (negras, sin hueso)
- 2 cucharaditas de alcaparras
- 2 cucharadas de jugo de limón
- 10 uvas
- 4 hojas de achicoria
- 100 g de camembert
- 4 bollos de hamburguesa **preparación**

1. Para la hamburguesa crujiente de nueces, primero pica las nueces en trozos grandes y ásalas a fuego medio sin grasa en una sartén antiadherente hasta que estén fragantes.

2. Luego deja que el azúcar se caramelice ligeramente en la sartén. Primero agregue 1 cucharada de aceite de oliva, luego agregue la miel y mezcle con las nueces en el caramelo. Cocine a fuego lento durante 1 a 2 minutos a fuego medio, revolviendo ocasionalmente, luego retire del fuego antes de que el caramelo se oscurezca demasiado. Coloca inmediatamente la mezcla en una bandeja de horno forrada con papel de horno, forma cuatro empanadas redondas compactas con una espátula y déjalas enfriar.

3. Coloque las aceitunas, las alcaparras, el jugo de limón y el aceite de oliva restante en un tazón y haga puré. Lavar y secar las uvas y achicoria. Quite el corazón de las uvas según sea necesario, luego córtelas por la mitad a lo largo. Cortar el camembert en rodajas.

4. Cortar los panecillos por la mitad y tostarlos. Extienda una fina capa de pasta de aceitunas en las mitades del rollo y coloque la achicoria en la mitad inferior. Coloque las uvas encima y cubra con la hamburguesa de nueces. Finalmente poner Camembert encima. Dorar ligeramente el queso con un quemador de gas de cocina y dejar que se derrita. Luego

cierre la hamburguesa crujiente de nueces con la mitad superior del pan.

18. Hamburguesa vegetariana con frijoles

escarabajo

ingredientes

- 120 g de cuscús
- 1/2 cebolla
- 1 diente de ajo
- 150 g de frijoles escarabajo (cocidos)
- 100 g de zanahorias
- 1 huevo
- 1 cucharadita de perejil
- 1 cucharadita de cebollino
- 1 chorrito de jugo de limón
- sal

- Pimienta (recién molida)
- aceite de oliva **Para terminar:**
- 1 tomate de carne
- 1 puñado de cohete
- 100 g de queso de oveja ☐ mayonesa
- 4 bollos de hamburguesa **preparación**

1. Cubre el cuscús con la misma cantidad de agua hirviendo. Cubra y deje en remojo durante 10 minutos. Después de 5 minutos, esponja con un tenedor.

2. Pelar la cebolla y el ajo y picarlos finamente. Caliente 1 cucharada de aceite de oliva en una sartén y ase las cebollas hasta que estén doradas. Agrega el ajo y asa brevemente.

3. Triturar los frijoles escarabajo con un tenedor, pelar y rallar finamente las zanahorias. Pica finamente el perejil y las cebolletas.

4. Mezclar el cuscús, las cebollas asadas, las habichuelas machacadas, las zanahorias y las hierbas picadas con el huevo. Sazone al gusto con un chorrito de jugo de limón, sal y pimienta. Deje reposar la mezcla en un lugar fresco durante al menos 30 minutos.

5. Forme 4 hamburguesas con la mezcla con las manos mojadas y cepille con aceite por ambos

lados. Ase en la parrilla caliente durante unos 10 minutos hasta que esté crujiente, dé vuelta después de 5 minutos. Alternativamente, puede asarlo en la sartén.

6. Lavar y cortar el tomate en rodajas. Lave la lechuga y déjela secar. Si es necesario, seque el queso de oveja y córtelo en rodajas.

7. Cortar los panecillos en forma transversal y calentarlos brevemente en la parrilla. Coloque las empanadas encima de los panecillos. Cubrir con rodajas de tomate, rúcula y queso de oveja y terminar con un poco de mayonesa. Coloque la tapa del panecillo encima.

19. hamburguesa vegetariana

ingredientes

- 2 cucharadas de Rama Cremefine para cocinar
- 100 g de harina (suave)
- 1 cucharadita de levadura en polvo
- sal
- 200 g de calabacín (finamente picado)
- 150 g de granos de maíz (dosis)
- 1 pimiento (rojo, finamente picado)
- 60 g de Thea
- 6 rollos de sésamo)
- 6 hojas de Lollo Verde
- 2 tomates (en rodajas)

preparación

1. Para la hamburguesa de verduras, agregue el huevo, la crema fina, la harina y el polvo de hornear hasta que quede suave, sazone con sal y pimienta.
2. Mezcle el calabacín, el maíz y el pimiento, forme 6 hamburguesas y presione hasta que quede plano. Sofreír lentamente las albóndigas una tras otra por ambos lados en un THEA caliente. Posiblemente termine de freír en el horno a 180 grados durante unos minutos.

3. Corta el rollo de sésamo, cúbrelo con una hoja de lechuga y rodajas de tomate, decora con kétchup casero y coloca encima las hamburguesas de verduras. Una jugosa hamburguesa de verduras está lista.

20. Hamburguesa de castañas

ingredientes

- 200 g de castañas (cocidas y peladas)
- 2 rebanadas de tostada (o 1 panecillo viejo)
- 100 ml de nata montada
- 2 zanahorias (pequeñas)
- 50 g de apio
- 30 g de raíz de perejil

- 1/2 pieza de puerro
- 2 cebolletas
- 2 cucharaditas de tomillo (seco)
- 1 pieza de huevo
- sal
- pimienta
- Pan rallado (según sea necesario)
- Manteca (o aceite para freír)
- 4 piezas de hamburguesas (listas)
- Ensalada de tu elección
- Arándanos (listos) **preparación**

1. Para las hamburguesas de castañas, corta las castañas en trozos pequeños. Remojar la tostada con crema batida y dejar que se ablande.

2. Lavar, limpiar y picar finamente la zanahoria, el apio, la raíz de perejil, el puerro y la cebolleta.

3. Mezclar las castañas, el pan tostado y las verduras con el huevo en un bol. Agrega las especias y amasa todo muy bien.

4. Si la mezcla está demasiado blanda, agregue un poco de pan rallado.

5. Ahora dale forma a hamburguesas de castañas de tamaño uniforme a partir de la mezcla con las manos mojadas.

6. Hornee estos en aceite caliente o manteca de cerdo y escurra sobre toallas de papel.

7. También sofreír brevemente las hamburguesas o calentarlas en la tostadora y cubrir el interior con arándanos, introducir las hamburguesas de castañas y decorar con una ensalada a tu elección.

21. Hamburguesa con vitaminas

ingredientes

- 2 bollos de hamburguesa
- 100 g de zanahorias
- 100 g de calabacín
- 1 huevo
- 1 cucharada de harina (suave)
- 1 cucharada de perejil (picado)
- 2 rodajas de tomate

- 2 hojas de lechuga iceberg
- 2 rodajas de berenjena
- orégano
- 1 diente de ajo (prensado)
- aceite de oliva
- sal

☐ pimienta

preparación

1. Para la hamburguesa con vitaminas, pele y desgarre las zanahorias y el calabacín. Mezclar con huevo, harina y perejil picado. Condimentar con sal y pimienta. Calentar el aceite de oliva en una sartén y poner la mezcla de verduras en forma de 2 hamburguesas. Freír por ambos lados. Retire las hamburguesas, envuélvalas en papel de aluminio y manténgalas calientes. En la misma sartén sofreír brevemente las rodajas de tomate y berenjena junto con el orégano y el diente de ajo prensado. Al mismo tiempo, corte los bollos de hamburguesa y tuestelos sobre las superficies cortadas. Primero coloca una rodaja de berenjena en la parte inferior de los panecillos. Luego coloca encima la hamburguesa de verduras, las rodajas de tomate y finalmente las hojas de

lechuga. Ponle la parte superior y presiónala ligeramente.

22. Pan de hamburguesa

ingredientes
- 420 g de harina
- 40 g de azúcar granulada
- 1 pizca de sal
- 1 paquete de levadura seca
- 175 ml de leche
- 1 huevo
- 1 yema
- 25 g de mantequilla (en trozos pequeños)

- un poco de harina (para la superficie de trabajo)
- 1 clara de huevo (para cepillar)
- un poco de agua (para cepillar)

preparación

1. Para los panecillos de hamburguesa, primero mezcle la harina, el azúcar, la sal y la levadura en un bol. Batir la leche, el huevo y la yema y agregar. Amasar todo hasta obtener una masa suave.

2. Luego agregue la mantequilla y continúe amasando hasta que la masa esté agradable y suave. Deje reposar en un lugar cálido durante aproximadamente 1 1/2 horas.

3. Enharine una superficie de trabajo, forme un rollo con la masa, corte ocho piezas y forme rollos. Coloque en una bandeja para hornear forrada con papel de hornear. Déjalo ir por otra hora. Cuando presionas sobre la masa y vuelve a su posición original, los panecillos están listos para ser horneados.

4. Batir la clara de huevo con un poco de agua y untar los rollitos con ella. Hornee a 190 ° C durante aproximadamente un cuarto de hora hasta que los panecillos estén dorados.

5. Los bollos de hamburguesa se dejan enfriar, se cortan por la mitad y se ocupan a voluntad.

23. Hamburguesas vegetarianas

ingredientes
- 1 paquete de hamburguesas veganas (2 piezas)
- 1 zanahoria (rallada gruesa)
- 1 cebolla (pequeña)
- 1/4 pepino
- Tomates de cóctel
- 1 pimiento (verde)
- Salsa de cóctel **preparación**

1. Rallar la zanahoria en trozos grandes. Corta el pepino en rodajas. Corta los tomates cóctel por la mitad. Corta la cebolla en aros. Corta el pimiento morrón en tiritas.
2. Fríe las hamburguesas veganas calientes.
3. Mientras tanto, tueste las mitades de pan. Primero coloque las rodajas de pepino, luego las zanahorias ralladas y las cebollas en la mitad inferior del panecillo tibio.
4. Coloque las hamburguesas calientes encima y cubra con tomates y pimientos.
5. Cubra con una salsa de cóctel de su elección, selle los bollos de hamburguesa y sirva las hamburguesas.

24. Hamburguesa vegetariana con frijoles

escarabajo

ingredientes

- 120 g de cuscús
- 1/2 cebolla
- 1 diente de ajo
- 150 g de frijoles escarabajo (cocidos)
- 100 g de zanahorias
- 1 huevo
- 1 cucharadita de perejil
- 1 cucharadita de cebollino
- 1 chorrito de jugo de limón
- sal
- Pimienta (recién molida)

- aceite de oliva

Para terminar:

- 1 tomate de carne
- 1 puñado de cohete
- 100 g de queso de oveja (firme, p. Ej. Feta)
- mayonesa
- 4 bollos de hamburguesa **preparación**

1. Cubre el cuscús con la misma cantidad de agua hirviendo. Cubra y deje en remojo durante 10 minutos. Después de 5 minutos, esponja con un tenedor.

2. Pelar la cebolla y el ajo y picarlos finamente. Caliente 1 cucharada de aceite de oliva en una sartén y ase las cebollas hasta que estén doradas. Agrega el ajo y asa brevemente.

3. Triturar los frijoles escarabajo con un tenedor, pelar y rallar finamente las zanahorias. Pica finamente el perejil y las cebolletas.

4. Mezclar el cuscús, las cebollas asadas, las habichuelas machacadas, las zanahorias y las hierbas picadas con el huevo. Sazone al gusto con un chorrito de jugo de limón, sal y pimienta. Deje reposar la mezcla en un lugar fresco durante al menos 30 minutos.

5. Forme 4 hamburguesas con la mezcla con las manos mojadas y cepille con aceite por ambos lados. Ase en la parrilla caliente durante unos 10 minutos hasta que esté crujiente, dé vuelta después de 5 minutos. Alternativamente, puede asarlo en la sartén.

6. Lavar y cortar el tomate en rodajas. Lave la lechuga y déjela secar. Si es necesario, seque el queso de oveja y córtelo en rodajas.

7. Cortar los panecillos en forma transversal y calentarlos brevemente en la parrilla. Coloque las empanadas encima de los panecillos. Cubrir con rodajas de tomate, rúcula y queso de oveja y terminar con un poco de mayonesa. Coloque la tapa del panecillo encima.

25. Hamburguesa de tubérculos con queso

ingredientes

- 1 taza (s) de verduras para sopa (aprox.250

   g)
- 180 g de queso duro ☐ 120 g de pan rallado
- 2 cucharadas de aceite de oliva
- 2 cucharadas de agua **preparación**

  1. Para las hamburguesas de tubérculos, precaliente el horno a 180 grados de temperatura superior / inferior. Pelar 1 taza de verduras para sopa, picar en el robot de cocina y asar en un poco de aceite.

  2. Mientras tanto, rallar 180 gramos de queso (o picar en el procesador de alimentos) y

mezclar con 120 gramos de pan rallado. Agrega 2 cucharadas de aceite de oliva y 2 cucharadas de agua y mezcla todo bien con la mezcla de verduras.

3. Amasar bolitas pequeñas de esta masa y luego aplanarlas en hamburguesas. Coloque en una bandeja para hornear forrada con papel de hornear y hornee por 20 minutos.

4. A continuación, voltee las hamburguesas (y a quién le gustaría volver a aplanarlas con un tenedor para crear ranuras) y hornee por otros 20 minutos.

26. Hamburguesa de falafel

ingredientes

Para el falafel:

- 125 g de garbanzos (ya remojados)
- 1/2 cebolla (asada)
- 1 diente (s) de ajo (triturado)
- 2 cucharaditas de perejil (picado)
- 1/4 cucharadita de comino
- 1/4 de cucharadita de cilantro
- 1/4 de cucharadita de cardamomo
- 1 pizca de pimienta
- 1 cucharada de harina
- 1 cucharada de semillas de sésamo
- 1/4 cucharadita de sal

Para cubrir:

- 2 bollos de hamburguesa
- 2 tomates (pequeños)
- 4 cucharadas de lechuga iceberg (cortada en fideos)
- 4 cucharadas de salsa de cóctel **preparación**

1. Para la hamburguesa de falafel, no pique los garbanzos remojados durante la noche con la cebolla y el ajo con una batidora, amase las especias, la sal y la harina. Deje reposar en el frigorífico durante 1 hora.

2. Con las manos húmedas, forma 2 hamburguesas con la mezcla, enróllalas en

semillas de sésamo y fríelas en aceite caliente a 180 ° C.

3. Corte los panecillos y tueste hasta que estén ligeramente dorados, cubra con las rodajas. tomates, la lechuga iceberg y la salsa cóctel y colocar las rodajas de falafel encima y cubrir con la segunda mitad del rollo.

27. Hamburguesa de coco con plátano

ingredientes

- 2 rebanadas de pan tostado
- 1 cebolla
- 1 diente de ajo
- 2 huevos (M)
- 1/4 cucharadita de pimienta de cayena
- 1/4 de cucharadita de clavo (molido)

- 1/4 cucharadita de comino (molido)
- 500 g de carne picada (mixta)
- sal
- pimienta
- 175 g de tomates cherry
- 2 plátanos (firmes, todavía un poco verdes)
- 6 cucharadas de coco desecado
- 4 rollos de pita (para relleno)
- 4 brochetas de madera (largas)
- Aceite (para cepillar) **preparación**

1. Para la hamburguesa de coco con plátano, primero remoje el pan tostado brevemente en agua y luego con firmeza. Pelar y picar finamente la cebolla y el ajo y colocar en un bol con los huevos, las especias y la carne picada. Amasar todo vigorosamente, sazonar con sal y pimienta. Forme 4 hamburguesas grandes y planas con la carne picada, cúbralas con papel de aluminio y colóquelas en el refrigerador. Riega las brochetas de madera.

2. Calentar la parrilla. Lavar los tomates cherry, pelar los plátanos y cortarlos en rodajas de 3 cm de grosor. Seque y engrase las brochetas de madera y alterne los

tomates y las rodajas de plátano. Esparcir el coco desecado en un plato.

3. Deje que la parrilla se caliente, engrase bien. Gire las hamburguesas picadas en el coco desecado, colóquelas en la parrilla y cocine a fuego medio durante 4-5 minutos por cada lado, untando con aceite de vez en cuando. Asa las brochetas de plátano y tomate en el borde de la parrilla, unta con aceite y sazona con sal y pimienta. También tueste brevemente los rollos de pita a la parrilla.

4. Rellena los rollos de pita con las empanadas de coco, coloca en un plato las brochetas de tomate y plátano y sirve la hamburguesa de coco con plátano.

28. Hamburguesa descuidada con patatas fritas

ingredientes

Para los roles:

- 350 g de harina (suave)
- 220 ml de agua (tibia)
- 1 chorrito de aceite
- 1/2 paquete de levadura seca
- 1/2 cucharadita de sal *Para la* hamburguesa:
- 500 g de carne picada (mixta)
- 8 rebanada (s) de Gouda (o Edam o Cheddar)
- 80 g de tocino (en rodajas finas)
- 1 cebolla (roja)

- 2 dientes de ajo
- 4 hojas de lechuga (grandes)
- 1 tomate
- aceite de oliva
- sal
- pimienta

Para las patatas fritas con guindilla:

- 600 g de patatas
- 2 cucharadas de maicena
- 1/2 cucharadita de pimienta de cayena
- sal
- aceite de oliva **preparación**

1. Para la hamburguesa descuidada con patatas fritas, primero precalienta el horno a 200 ° C.

2. Para los panecillos, amase todos los ingredientes hasta obtener una masa homogénea (batidora o robot de cocina). Cortar en cuartos y formar bolas, tapar y aprox. 20 minutos. Cepille con un poco de agua y hornee por 10 minutos.

3. Para las papas fritas, lave las papas, córtelas por la mitad y córtelas en rodajas del grosor de un dedo. Frote con aceite de oliva, fécula de maíz y especias y hornee a 200 ° C durante unos 25 minutos.

4. Freír la carne en una sartén caliente sin grasa hasta que se evapore el agua, luego añadir el aceite de oliva y sofreír hasta que se dore. Pelar y picar finamente los ajos y sofreír brevemente.

5. Pelar la cebolla y cortarla en aros finos, lavar las hojas de lechuga y secar. Freír el tocino en una sartén sin aceite hasta que esté crujiente.

6. Corta los tomates en rodajas finas. Cortar los panecillos por la mitad, ahuecarlos un poco y repartir la carne picada en ellos, cubrir cada uno con una rodaja de queso y dejar que se derrita un poco. Apile con los ingredientes restantes para formar una hamburguesa. Sirve la hamburguesa descuidada con papas fritas con chile.

29. Hamburguesa de trigo sarraceno con

zanahorias y nueces

ingredientes

- 80 g de trigo sarraceno
- 125 g de QimiQ Classic (sin enfriar)
- 60 g de queso crema
- 2 zanahorias (peladas, ralladas)
- 2 cucharadas de nueces (finamente picadas)
- 1/2 cebolla (roja, cortada en cubitos pequeños)
- sal
- Pimienta (recién molida)
- 4 bollos de hamburguesa
- 4 hojas de lechuga
- 1 cebolla (roja, cortada en aros) **preparación**

1. Para la hamburguesa de trigo sarraceno con zanahorias y nueces, primero lave el trigo sarraceno en un colador con agua corriente y hiérvalo en agua sin sal hasta que esté suave. Deje enfriar.

2. Batir el QimiQ Classic sin refrigerar hasta que quede suave. Agregue el queso crema, el trigo sarraceno, las zanahorias, las nueces y la cebolla y mezcle bien. Sazone al gusto con sal y pimienta.

3. Coloque la mezcla en una bandeja para hornear forrada con papel de hornear con una cuchara y córtela en pequeños panes para hamburguesas. Deje enfriar bien durante unas 4 horas.

4. Corta los bollos de hamburguesa. Cubra las mitades inferiores del pan con una hoja de lechuga cada una.

5. Coloque las hamburguesas encima de la lechuga y cubra con los aros de cebolla. Vuelva a colocar las mitades superiores y sirva la hamburguesa de trigo sarraceno con zanahorias y nueces.

30. Hamburguesa de pollo con fresas

ingredientes

- 4 panecillos blancos
- 100 g de cohete
- vinagre
- aceite de oliva
- sal
- pimienta

Para la mayonesa:

- 1 huevo
- 1 cucharadita de mostaza
- 1 cucharada de vinagre
- 150 ml de aceite de girasol
- 2 cucharadas de nueces (picadas)
- sal
- pimienta

Para las pechugas de pollo:
- 4 pechugas de pollo
- 1 cucharadita de tomillo (seco)
- 1 cucharadita de semillas de cilantro (molidas)
- 1/4 cucharadita de chiles (secos)
- sal

Para las fresas:
- 200 g de fresas
- 2 cucharadas de aceite de oliva
- sal
- ☐ pimienta

preparación

1. Para la hamburguesa de pollo con fresas, primero corte las pechugas de pollo por la mitad a lo largo, pero no las separe completamente. Abrir las pechugas de pollo ("corte mariposa") y frotar las especias y un poco de sal.

2. Corta los panecillos por la mitad horizontalmente. Retire el tallo de las fresas, córtelo en rodajas finas y sazone con 2 cucharadas de aceite de oliva, sal y pimienta.

3. Para la mayonesa, bata el huevo con una batidora de mano hasta que esté espumoso.

Agregue la mostaza y el vinagre y vierta lentamente el aceite, mezclando constantemente. Tan pronto como la mayonesa tenga una buena consistencia, agregue las nueces picadas y sazone con un poco de sal y pimienta.

4. Freír los filetes de pollo en una sartén o en el grill durante unos 4 minutos por ambos lados. Hornee los panecillos partidos por la mitad en el horno o en la parrilla hasta que estén crujientes.

5. Condimente la rúcula lavada y escurrida con un poco de vinagre, aceite, sal y pimienta.

6. Extienda la rúcula sobre el pan rallado, coloque el filete de pollo encima y cubra con las fresas. Unte las tapas de los panecillos con mayonesa y cierre la hamburguesa de pollo con fresas.

31. Hamburguesa de Dátiles con Queso de

Cabra

ingredientes

- 2 dientes de ajo
- 12 dátiles (secos, deshuesados)
- sal
- pimienta
- 40 g de palitos de almendras
- 600 g de cordero picado
- 1 cucharadita de curry en polvo
- 100 g de crema agria
- Rollo de 150 g de queso de cabra
- 4 hojas de lechuga lollo rosso
- 4 bollos de hamburguesa **preparación**

1. Para el queso de cabra y la hamburguesa de dátil, primero pela el ajo, corta los dátiles

por la mitad y pica ambos en el picador. Agregue 1 cucharadita de sal y pimienta y las almendras en rama a la carne picada y amase vigorosamente durante 1 a 2 minutos. Forme la carne picada en cuatro hamburguesas de 2 cm de altura del mismo tamaño. Cubre las hamburguesas con film transparente y colócalas en el frigorífico durante al menos 30 minutos.

2. Ponga el curry y la crema agria en un bol, revuelva con un tenedor y sazone con sal. Cortar el rollo de queso en aprox. Rodajas de $\frac{1}{2}$ cm de grosor para hacer doce rodajas. Lava la ensalada y agita para secar.

3. Cortar los panecillos por la mitad y tostarlos. Use una cuchara para hacer un hueco en el centro de cada hamburguesa. Coloque las hamburguesas en la sartén y fría durante 45 minutos por cada lado a fuego medio. Gire solo una vez. Si no le gusta demasiado la carne rosada, fríala de 5 a 6 minutos por lado. Después de darles la vuelta, poner el queso sobre las empanadas para que se derrita un poco. Unte las mitades del rollo con crema agria de curry, cubra con lechuga, coloque la hamburguesa encima y cierre el

queso de cabra y la hamburguesa de dátil con la otra mitad del rollo.

32. Hamburguesa de cordero con camembert de cabra y granada

ingredientes

- 4 bollos rosados de hamburguesa
- 150 g de camembert de cabra (en rodajas)
- 1 granada (pequeña, sin semillas)
- 2 puñados de hojas de lechuga (lavadas)
- Romero (desplumado)
- miel

Para las empanadas de cordero:

- 600-700 g de cordero picado
- 20 g de zatar (mezcla de especias del norte de África)
- 1 diente de ajo (finamente picado, opcional)

- sal marina
- Pimienta (del molino)
- Aceite de oliva (para freír) **preparación**

1. Para las hamburguesas de cordero con camembert de cabra y granada, primero prepare los panecillos rosados.

2. Para las hamburguesas de cordero, mezcle todos los ingredientes en un bol hasta que la mezcla comience a combinarse. Presione la carne picada en un anillo que tenga el mismo diámetro que los bollos de hamburguesa. Dar forma a las hamburguesas y freírlas en una sartén con un poco de aceite de oliva por ambos lados durante unos 2 minutos. Cubra las empanadas fritas con el camembert de cabra y hornee en el horno con la función de gratinar durante 1 - 2 minutos.

3. Cortar los bollos por la mitad y tostar en una sartén sin grasa.

4. Cubra las mitades de pan con lechuga y las empanadas de cordero. Rocíe con miel, espolvoree con romero y espolvoree algunas semillas de granada por encima. Sirve la hamburguesa de cordero con camembert de cabra y granada.

33. Hamburguesa halloumi con verduras asadas y tabulé

ingredientes

- 4 bollos de hamburguesa
- 1-2 paquetes de Halloumi
- aceite de oliva
- 4 hojas de lechuga
- un poco de perejil (picado, para decorar) *Para las verduras a la plancha:*
- 1 berenjena
- 1 pimiento puntiagudo
- 1 calabacín
- 4 ramitas de romero
- 4 ramitas de tomillo

- 1 diente de ajo
- 1 cucharada de vinagre balsámico
- 10 cucharadas de aceite de oliva
- sal
- Pimienta (del molino) *Para el tabulé:*
- 1/2 taza (s) de bulgur
- 1 barra (s) de cebolletas
- 1 taza (s) de agua (caliente)
- 2 manojos de perejil (grande)
- 1 manojo de cilantro
- un poco de menta (fresca)
- 2 limones (jugo)
- 2 cucharadas de aceite de oliva
- 2 tomates
- sal
- Pimienta (del molino)

☐ chile **preparación**

1. Para la hamburguesa Halloumi con verduras asadas y tabulé, primero para el tabulé, dé el bulgur en un bol. Cortar la cebolleta en tiras finas y mezclar con el bulgur. Amasar ligeramente para que el bulgur absorba el sabor a cebolla. Agrega el agua caliente y déjala en remojo durante 30 minutos.

2. Pica finamente el perejil, el cilantro y la menta. Mezcle el jugo de limón y el aceite de oliva en una marinada. Sazone al gusto con sal, guindilla y pimienta y mezcle bien con el bulgur. Cortar los tomates en dados y mezclar con el tabulé. Déjelo reposar en el frigorífico durante al menos una hora.

3. Para las verduras a la plancha, tritura finamente el tomillo, el romero y el ajo. Mezclar con vinagre y aceite de oliva, sazonar bien con sal y pimienta.

4. Corta las verduras en tiras largas y delgadas. Pincelar con un poco de aceite de oliva y sofreír por todos lados. Luego cepille con el aceite de hierbas y deje macerar durante 30 minutos.

5. Freír el halloumi en una sartén con un poco de aceite de oliva, sazonar un poco si es necesario.

6. Corta los bollos de hamburguesa a la mitad en forma horizontal y tuéstalos en una sartén sin grasa.

7. Coloque el halloumi, el tabbouleh y las verduras asadas con el resto de los

ingredientes entre los bollos de hamburguesa, rocíe con un poco de aceite de oliva y sirva la hamburguesa halloumi con verduras asadas y tabbouleh.

34. Hamburguesa de falafel con yogur de menta y pepino baby

ingredientes

- 4 bollos de hamburguesa amarillos
- 2-3 pepinos bebé (alternativamente, un pepino grande)
- Berro de jardín

Para el falafel:

- 500 g de garbanzos (enlatados)
- 1/2 cebolla (roja)
- 2 dientes de ajo
- 1 manojo de cilantro
- 1/2 manojo de perejil
- 1 guindilla

- 1 limón
- 1 cucharada de comino
- 1/2 cucharada de sal
- 100 g de harina de garbanzo **Para el yogur de menta:**
- 200 ml de yogur (estilo griego)
- 1/2 manojo de menta (cortada en tiras finas)
- 1/2 limón (jugo y ralladura)
- sal marina
- Pimienta (del molino) **preparación**

1. Para las hamburguesas de falafel con yogur de menta y pepino bebé, se preparan los primeros panes de hamburguesa amarillos.

2. Para el falafel, escurrir los garbanzos y enjuagar con agua. Lava y frota el limón, luego exprime el jugo. Pelar el ajo y cortar la cebolla en trozos grandes. Lavar el perejil y el cilantro y arrancar las hojas. Corta el chile por la mitad a lo largo y sin el corazón. Haga puré con todos los ingredientes en una batidora de cocina hasta obtener una masa cremosa. Forme pequeñas albóndigas con la mezcla y luego fríalas en aceite caliente hasta que estén de color amarillo dorado.

3. Mezcle todos los ingredientes para el yogur de menta.

4. Lavar los pepinos y cortarlos a lo largo en tiras con un pelador.

5. Corta los berros de jardín con unas tijeras.

6. Cortar los bollos en mitades y tostarlos en una sartén sin grasa.

7. Coloca bien el falaffel, el pepino, el yogur y los berros entre las mitades del pan y sirve la hamburguesa de falafel con yogur de menta y pepino bebé.

35. Hamburguesa de cordero con pisto y queso

azul **ingredientes**

- 4 bollos de hamburguesa brioche
- 4 quesos azules (hasta 8)
- 2 puñados de hojas de lechuga (lavadas) *Para las empanadas de cordero:*
- 600 g de cordero picado (hasta 700 g)
- comino
- 1 diente (s) de ajo (finamente picado)
- sal marina
- Pimienta del molinillo) *Para el pisto:*
- 2 calabacines (pequeños)
- 1 pimiento (rojo)
- 1 pimiento (amarillo)
- 2 tallos de cebolletas

- 1 cucharada de pasta de tomate
- 1 diente (s) de ajo (hasta 2, pelados)
- Aceite de oliva (para freír)
- 1 ramita (s) de tomillo
- sal
- pimienta
- azúcar
- un poco de agua **preparación**

1. Para las hamburguesas de cordero con pisto y queso azul, hornee primero los panecillos de brioche.

2. Para las hamburguesas de cordero, mezcle todos los ingredientes en un bol hasta que la mezcla comience a combinarse. Presione la mezcla de carne en un anillo que tenga el mismo diámetro que los bollos de hamburguesa. Freír las hamburguesas en una sartén con un poco de aceite de oliva por ambos lados durante unos 2 minutos. Cubra las hamburguesas con el queso azul y hornee en el horno con la función de gratinar durante 1-2 minutos.

3. Lave los calabacines, córtelos por la mitad a lo largo y córtelos en aprox. 5 mm de espesor. Lavar, cortar por la mitad y quitar el corazón de los pimientos. Corta la pulpa en

cubos pequeños. Limpiar las cebolletas y cortarlas diagonalmente en rodajas / aros muy finos.

4. Calentar un poco de aceite de oliva en una cacerola pequeña y sofreír el pimentón, el calabacín y las cebolletas. Añadir el ajo finamente picado, incorporar la pasta de tomate y desglasar con un poco de agua. Condimente con sal, pimienta y una pizca de azúcar y sazone al gusto. Dejar hervir un poco y terminar con el tomillo rallado.

5. Cortar por la mitad los bollos de hamburguesa y tostarlos en una sartén sin grasa.

6. Rellene las mitades del rollo con las empanadas de cordero y el resto de los ingredientes y sirva la hamburguesa de cordero con pisto y queso azul.

36. Hamburguesa de jabalí

ingredientes *Para
el bollo:*

* 4 rollos de centeno *Para la
hamburguesa:*

* 600 g de jabalí picado
* 3 chalotas (finamente picadas)
* 80 g de tocino (cortado en cubitos, sin ahumar)
* 1/2 bulbo de apio (pequeño, rallado)
* 4 cucharadas de pan rallado
* 2 huevos
* 1 cucharadita de pasta de tomate
* 1/2 cucharadita de comino
* 1 cucharadita de romero (recién picado)

- 1 pizca de pimienta de Jamaica (molida)
- sal
- Pimienta (recién molida) *Para el aderezo:*
- 400 g de brotes de col
- 20 g de mantequilla
- Nuez moscada rallada)
- 100 g de jamón cocido (cortado en cubitos)
- Pesto de avellanas (para cepillar)
- 4 rebanadas de queso Gouda
- sal
- Pimienta (recién molida) **preparación**

1. Primero, para las coberturas, lave y limpie los brotes de repollo y blanquéelos en agua con sal durante unos 7-8 minutos.

2. Corta los brotes a la mitad, en cuartos grandes. Derrita la mantequilla en una cacerola y mezcle los brotes de repollo. Sazone al gusto con las especias y agregue el jamón cortado en cubitos, agregando un poco de mantequilla si es necesario.

3. Para las hamburguesas, ponga la carne picada en un bol y mezcle bien con los ingredientes

restantes. Finalmente, sazone con sal y pimienta.

4. Con las manos húmedas, forme cuatro hamburguesas con la masa y cocine a la parrilla durante unos 4-5 minutos por cada lado. Corte los panecillos por la mitad y tueste las superficies cortadas en la parrilla.

5. Cepille las mitades inferiores del panecillo con pesto de avellanas. Coloca las hamburguesas calientes encima y cúbrelas con las rodajas de queso, deben derretirse.

6. Coloque los brotes de repollo encima y coloque las mitades superiores del pan en las hamburguesas de jabalí.

37. Surf and Turf Burger

ingredientes

Para la hamburguesa:

- 200 g de ternera picada
- 2 bollos de hamburguesa
- 10 gambas (precocidas y peladas)
- 2 rebanadas de queso cheddar
- 4 cucharadas de salsa de cóctel
- 4 cucharadas de salsa tártara
- 4 hojas de lechuga (a tu elección)
- 3 tomates cóctel
- 1/2 cucharadita de mar sal
- 1/2 pimentón (color de su elección)
- 1/2 cucharadita de pimienta

- Berro (fresco) **preparación**

1. Sazone la carne picada con sal marina y pimienta al gusto y forme una hamburguesa.

2. Ase a fuego medio o bien cocido en la rejilla a fuego medio directo, según su gusto.

3. Poco después de darle la vuelta, coloque las dos rodajas de queso cheddar encima.

4. Mientras asa la hamburguesa, ase las gambas hasta que estén cocidas. Para ello es recomendable utilizar una plancha grill para que no se caigan por la rejilla (atención: las gambas se pueden secar rápidamente).

5. Poner la harina, la sal, la pimienta y el azúcar en una bolsa para congelador y agregar la cebolla cortada en aros y, mientras agita la bolsa, espolvorear los aros de cebolla con harina. Luego sofreír las cebollas fritas en la sartén en aceite de girasol caliente.

6. Ase las superficies cortadas del panecillo y coloque dos hojas de lechuga encima.

7. Corta la hamburguesa por la mitad (¡verticalmente!). Coloque la mitad de cada uno en la parte inferior del bollo.

8. Ponga una cucharada de salsa tártara encima y cubra con tomates y cebollas fritas.

9. Ahora cubra las dos mitades libres de los bollos con tres gambas cada una. Rocíe la salsa de cóctel por encima, cubra con pimentón cortado en tiras y espolvoree con berros.

10.Coloque la parte superior de los bollos encima, presione ligeramente y sirva.

38. Hamburguesa de pavo desmenuzada

ingredientes

- Mayonesa
- 1 pepino
- 2 cebollas (rojas)
- 4 bollos de hamburguesa negros *Para el pavo desmenuzado:*
- 4 patas de pavo
- 4 cucharadas de especias de calabaza
- 1 cucharada de chile en polvo
- 1 cucharadita de sal
- 1 cucharadita de pimienta (del molinillo)
- 1 cebolla (roja)
- 250 ml de sopa de verduras

- 50 g de azúcar (morena)
- 1 cucharadita de sirope de arce
- 2 cucharadas de mostaza y miel
- 1 cucharada de salsa de soja

preparación

1. Para las hamburguesas de pavo desmenuzado, primero precaliente el horno a 130 ° C de temperatura inferior.

2. Para la especia de calabaza y pavo desmenuzado, mezcle con las especias restantes. Lave las piernas de pavo, séquelas y frótelas con las especias. Pelar las cebollas y cortarlas en trozos finos. Mezcle la sopa, el azúcar, el jarabe de arce, la mostaza y la salsa de soja.

3. Coloca la cebolla en una fuente para horno refractaria, coloca las patas de pavo encima y vierte el líquido encima.

4. Cierre el asador y deje que la carne se cocine durante unas 4 horas. Entonces debería ser fácil separarlo y sacarlo del hueso con un tenedor.

5. Mientras tanto, prepare panecillos negros para hamburguesas. Lava el pepino y córtalo en rodajas finas. Pelar la cebolla morada y

cortarla en aros. Lavar y limpiar la lechuga y cortarla en trozos grandes.

6. Cortar por la mitad los panecillos de hamburguesa en forma transversal, cubrir generosamente ambas mitades con mayonesa y cubrir la mitad inferior con hojas de lechuga. Unte el pavo desmenuzado encima, rocíe con un poco de salsa al gusto, cubra con pepino y cebollas y cubra con la mitad superior del panecillo.

7. Sirve la hamburguesa de pavo desmenuzado.

39. Hamburguesa gratinada sobre pan integral

ingredientes

- 400 g de carne picada (ternera, magra)
- 1 panecillo
- agua
- 100 g de cebollas
- 1 cucharada de aceite de girasol
- 1 cucharada de perejil
- 1 cucharada de harina de soja
- sal
- Pimienta, nuez moscada
- Mejorana

Freir:

- 20 g de margarina *Para gratinar:*
- 1 paquete de mozzarella (125 g)
- 50 g de cebolletas *Los ciudadanos:*
- 1/4 de ensalada de cabezas
- 4 rebanadas de tostada integral

preparación

1. Para la hamburguesa gratinada, lave la lechuga y corte las cebolletas en aros.
2. Remojar el panecillo en agua y exprimirlo bien.
3. Picar finamente las cebollas, freír hasta que estén doradas,
4. Mezclar bien la carne picada con todos los demás ingredientes, formar hamburguesas y freír por ambos lados.
5. Cubra con cebolletas y rodajas de mozzarella.
6. Gratinar en el horno precalentado a 200 ° C durante unos 10 minutos.
7. Tostar tostadas integrales, cubrir con una hoja de lechuga y colocar encima la hamburguesa gratinada.

40. Hamburguesa de gofres con pollo

ingredientes

- 450 ml de leche
- 120 g de mantequilla
- 280 g de harina de trigo
- 2 cucharaditas de bicarbonato de sodio
- 140 g de queso cheddar
- 2 ramitas de perejil (suave)
- 2 huevos
- 2 cucharaditas de sal
- Aceite (para engrasar)
- 2 tomates
- 5 hojas de lechuga (lechuga iceberg)
- 600 g de pechuga de pollo

- sal
- Pimienta (recién molida)
- 2 cucharadas de aceite
- 6 cucharadas salsa de chile dulce

preparación

1. Calentar la leche en una cacerola pequeña y disolver la mantequilla en ella. Retire la cacerola del fuego y deje enfriar la mezcla de mantequilla y leche.

2. Mezclar la harina con la levadura en polvo. Ralla el queso cheddar muy finamente. Lavar el perejil, secarlo con papel de cocina y picar finamente.

3. Mezcle los huevos con sal en un bol y luego mezcle bien la harina. Agrega la mezcla de mantequilla y leche. Finalmente mezcle el queso cheddar y el perejil.

4. Calentar la plancha para gofres y untar con aceite. Coloque un cucharón de masa en la plancha para gofres y hornee el gofre hasta que esté dorado. Saque el gofre de la plancha para gofres y manténgalo caliente. Hornea otros 9 waffles.

5. Mientras tanto, lave los tomates y córtelos en rodajas. Lava la lechuga y córtala en trozos del tamaño de un gofre. Lave los

filetes de pollo, séquelos con papel de cocina y córtelos en tiras estrechas. Sal y pimienta.

6. Calentar el aceite en una sartén y freír las tiras de pollo. Incorpora la salsa de chiles y continúa friendo brevemente a fuego medio hasta que la carne esté bien cocida.

7. Cubra 5 waffles con carne caliente, cubra con queso. Unta encima los tomates y la lechuga y cubre con los 5 waffles restantes. Sirve la hamburguesa de gofres de inmediato.

41. Bollos de hamburguesa con harina de

cáñamo

ingredientes

- 1 paquete de levadura seca
- 200 ml de leche
- 1 pizca de azucar
- 170 g de harina de trigo (suave)
- 40 g de harina de cáñamo
- Algo de nuez moscada
- 1 cucharadita de curry en polvo
- 1/2 cucharadita de sal
- 1 huevo
- 3 cucharadas de aceite de oliva **preparación**

1. Mezclar el germen seco con la leche, el azúcar y un poco de harina de trigo y dejar reposar durante unos 15 minutos en un lugar cálido, cubierto con un paño húmedo.

2. Amasar con el resto de la harina, la harina de cáñamo, la nuez moscada, el curry en polvo, la sal, el aceite y la yema de huevo (poner la clara de huevo a un lado para cepillar) para formar una masa suave. Min. Deje reposar durante 30 minutos.

3. Amasar bien la masa una vez más, darle forma de rollo y cortar en 6 partes iguales. Gire cada parte sin apretar entre las manos ahuecadas hasta que la masa tenga una superficie lisa.

4. Coloque en una bandeja para hornear forrada con papel de hornear (no demasiado juntas) y cubra nuevamente durante aprox. 15 minutos. Pincelar con la clara de huevo y hornear en el horno precalentado a 220 ° C durante unos 15 minutos.

42. Hamburguesa de atún

ingredientes

- 600 g de atún (fresco, calidad sashimi)
- 1 manojo de perejil
- 1 manojo de albahaca
- 1 manojo de menta
- 4 tallo (s) cebolletas
- 1 pizca de cilantro (molido)
- 1 limón (jugo y ralladura de limón)
- 1 chile (finamente picado)
- 2 cucharadas de aceite de oliva
- sal
- Pimienta (recién molida)
- Hojas de lechuga
- 4 rollos de ciabatta (o rollos de hamburguesa)
- 1 pieza de limón (en rodajas)

- Salsa de tomate **preparación**

1. Para la hamburguesa de atún, mezcle el atún, las hierbas, las cebolletas, el cilantro y la ralladura de limón con la guindilla en un bol. Alternativamente, si desea una versión más casera, pique finamente todos los ingredientes y mezcle bien.

2. Coloque la mezcla en una superficie de trabajo limpia y córtela en 4 trozos. Pica el atún y divídelo en hamburguesas (CONSEJO: el pescado no se pega tanto con las manos mojadas), primero dale forma redonda y luego presiona con la mano.

3. Deje reposar las hamburguesas de atún terminadas durante media hora con film transparente o algo similar. Precalienta la sartén o, lo mejor de todo, el grill. Unte las hamburguesas con aceite por ambos lados y espolvoree con sal y pimienta.

4. Freír cada pan durante aprox. 2 minutos por ambos lados, o en cualquier nivel de cocción.

5. Dorar los bollos de hamburguesa ligeramente en una parrilla o sartén con costillas y luego cubrir cada hamburguesa con las hamburguesas de atún. Decora con kétchup,

hojas de lechuga marinadas y, si quieres, una rodaja de tomate.

43. Hamburguesa de tocino

ingredientes

- 500 g de carne picada (mixta)
- 6 panecillos (comprados o caseros)
- 120 gramos de tocino
- 1 pieza de cebolla
- 1 tomate
- 6 rebanada (s) de gouda
- 6 hojas de lechuga
- Salsa de tomate
- sal
- mayonesa

☐ pimienta

preparación

1. Para la hamburguesa de tocino, sazona la carne con sal y pimienta, forma rodajas finas y sofríe en un poco de aceite.

2. Fríe el tocino hasta que esté crujiente. Corta los bollos. Primero unte con salsa de tomate, luego ponga la carne encima y luego cubra con tomate, cebolla, lechuga y tocino.

3. Adorne con mayonesa.

44. Hamburguesa de verano

ingredientes

- 1 tomate
- 1 mozzarella
- 10 dag de tocino
- 1 PC. Baguette (rústica o ciabatta)
- 1 paquete de mezcla de lechugas
- 1/2 taza de crema espesa
- 1 1/2 cucharada de mayonesa
- 400 g de pollo (filete o escalope)
- 2 dientes de ajo (pequeños)
- 1 cucharada de mostaza
- 4 cucharadas de aceite de oliva

- 1/2 limón

preparación

1. Para la hamburguesa de verano, limpiar la carne y marinar con aceite de oliva, mostaza, sal y pimienta y el jugo de medio limón.

2. Para la salsa, revuelva la nata con la mayonesa hasta que quede suave y sazone con ajo, sal, pimienta y mostaza.

3. Cortar los tomates y la mozzarella en rodajas, lavar la lechuga. Freír la carne en la sartén sin añadir aceite y servir con el resto de los ingredientes preparados.

45. Hamburguesa de tortuga de espelta verde

ingredientes

- 200 g de corteza verde
- 2 huevos
- 2 cucharadas. pasta de tomate
- 80 g de zanahorias
- 400 ml de sopa de verduras
- 1 cucharadita de sal
- 4 tomates (pequeños)
- 1/2 pieza de rábanos
- 400 ml de aceite (para freír)
- 8 hojas de lechuga (grandes)
- Pimienta (recién rallada)

- Hierbas (picadas, al gusto)

preparación

1. Para la hamburguesa de tortuga de espelta verde, hierva la sopa con la molienda de espelta verde y cocine a fuego lento durante unos 15 minutos, luego apague y cubra y deje en remojo durante otros 15 minutos.

2. Picar la zanahoria, mezclar los huevos y la sal, la pimienta, la pasta de tomate y las hierbas con la molienda. Forme las hamburguesas y hornee en aceite caliente hasta que estén crujientes.

3. Cortar el panecillo, poner etiquetas calientes, cortar las cabezas de tomate y las patas y rabos de rábano.

4. La hamburguesa de tortuga verde Sírvala sobre hojas de lechuga.

HAMBURGUESA VEGETARIANA

46. Sushi hamburguesa

ingredientes

- 250 g de arroz para sushi
- 375 ml de caldo de verduras o caldo de algas
- 2 cucharadas de jugo de lima
- 2 cucharaditas de sirope de arroz
- 2 cucharadas de vinagre de arroz
- sal
- 2 cucharadas de aceite de sésamo para freír
- $\frac{1}{4}$ de pepino
- 1 zanahoria
- $\frac{1}{2}$ aguacate
- $\frac{1}{2}$ cucharadita de wasabi
- 4 panecillos de hamburguesa
- 4 cucharaditas de jengibre en escabeche

(gari)

- 15 g de semillas de sésamo tostadas
- 130 g de ensalada de algas wakame (goma wakame)

Preparación

1. Lavar el arroz, ponerlo en una cacerola con el caldo de verduras, dejar en remojo unos 10 minutos, luego llevar a ebullición y cocinar a fuego lento a medio con la tapa cerrada. Retirar el arroz del fuego y dejar reposar durante 5 minutos.

2. Mezcle vinagre de arroz, jarabe de arroz y sal y mézclelos con el arroz. Deje enfriar un poco. Luego, forma cuatro hamburguesas con las manos húmedas y hornea en aceite de sésamo a fuego medio.

3. Mientras tanto, limpia y lava el pepino y córtalo en rodajas muy finas. Pelar la zanahoria y cortarla en tiras finas. Retirar el hueso del aguacate, quitar la pulpa de la piel, colocar en un bol con el jugo de limón restante y el wasabi y triturar con un tenedor.

4. Tostar los bollos de hamburguesa, esparcir la crema de wasabi de aguacate en la base, colocar encima el pepino, la zanahoria y el

gari, agregar la hamburguesa de arroz y servir la ensalada de algas y las semillas de sésamo encima. Cierra con la tapa de la hamburguesa y disfruta tibia.

47. Hamburguesa de queso y tocino

Ingredientes:

- 250 g de carne molida
- 15 g de lonchas de tocino ahumado
- 2 bollos de hamburguesa
- 2 hojas de lechuga
- 2 dientes de ajo
- 2 lonchas de queso amarillo
- 2 cucharadas de aceite
- 1 cebolla morada
- 1 pepino en escabeche
- 1 huevo
- 0.5 cucharaditas de ají molido picante
- 0.5 cucharaditas de jengibre molido
- perejil verde

- sal
- pimienta **preparación:**

1. Lavar las verduras y escurrir el agua. Pelar la cebolla y cortarla en rodajas finas. Corta los bollos en mitades y dóralos en una sartén caliente sin grasa.

2. Pon las hojas de lechuga y corta en rodajas. cebolla encima de los panecillos dorados. Poner el tocino ahumado en una sartén caliente sin grasa, dorarlo y añadirlo al resto de ingredientes.

3. Poner la carne picada en un bol, agregar el ajo pelado y prensado, el perejil verde finamente picado y el pepino encurtido cortado en cubitos.

4. Luego espolvoree estos ingredientes con pimienta, sal, jengibre molido, pimentón, luego agregue el huevo y amase todo con cuidado a mano. Forme chuletas con los ingredientes preparados y fríalas por ambos lados hasta que estén doradas.

5. Mientras se fríe el otro lado de las chuletas, poner las rodajas de amarillo sobre ellas y freír, tapado, hasta que el queso se derrita. Luego retirar del fuego, agregar a los

ingredientes y poner encima la mitad
superior del pan dorado.

48. Hamburguesa de espelta verde

ingredientes
- 3 chalotes
- 3 cucharadas de mantequilla
- 150 harina de espelta verde mezclada con harina de espelta
- 500 ml de caldo de verduras
- 50 g de gouda rallado
- 20 g de perejil (1 manojo)
- 100 g de cuajada de soja
- 1 cucharada de almidón alimenticio
- 1 huevo

- 1 proteína
- sal
- pimienta
- 1 tomate
- $\frac{1}{2}$ cebolla
- 2 hojas de lechuga
- 4 panecillos de hamburguesa
- 4 cucharaditas de mayonesa
- 4 cucharaditas de salsa de tomate

Pasos de preparación

1. Pelar y picar las chalotas. Caliente 1 cucharada de mantequilla en una sartén y saltee las chalotas a fuego medio hasta que estén transparentes. Añadir el grano triturado y sofreír brevemente, luego desglasar con el caldo y dejar en remojo unos 10 minutos a fuego lento. Agrega el queso, retira de la sartén y deja enfriar.

2. Lavar el perejil, agitar para secar, picar y mezclar con queso quark, almidón, huevo y clara de huevo. Condimentar con sal y pimienta. Luego, forma 4 hamburguesas con la mezcla de espelta verde y fríelas en una sartén con mantequilla hasta que estén doradas por ambos lados.

3. Lave y corte los tomates en rodajas. Pelar la cebolla y cortarla en aros. Lave las hojas de lechuga y séquelas.

4. Cortar el panecillo, tostarlo, cubrir la mitad inferior con mayonesa, colocar encima las hojas de lechuga, poner las empanadas, verter encima las rodajas de tomate y los aros de cebolla, luego agregar un poco de kétchup y la mitad superior del panecillo.

49. Hamburguesa de frijoles y garbanzos

Ingredientes:

- 400 g de frijoles negros en escabeche
- 400 g de garbanzos en salmuera
- 200 g de maíz en salmuera
- 15 g de queso amarillo rallado
- 2 tomates
- 2 bollos de hamburguesa
- 2 hojas de col china
- 2 cucharadas de aceite
- 2 dientes de ajo
- 1 lechuga
- 1 cebolla morada **preparación:**

1. Corta los bollos por la mitad. Lavar todas las verduras y escurrir el agua. Pelar la cebolla y

cortarla en rodajas finas. Pica finamente la col china.

2. Escurre los frijoles, los garbanzos y el maíz del pepinillo, luego divide cada uno de estos ingredientes por la mitad. Luego, mezcle la mitad de los ingredientes divididos con una batidora eléctrica y mezcle con la otra mitad de los ingredientes completos.

3. Agregue el queso rallado a los ingredientes mezclados, mezcle todo nuevamente y luego forme pequeñas chuletas con la mano. Pelar los ajos de la piel y sofreír en aceite caliente.

4. Agrega las chuletas formadas al ajo glaseado y sofríe, tapado, a fuego lento hasta que el queso comience a derretirse. Luego retire del fuego y póngalo en rollos cortados. Agregar en rodajastomates, cebolla, lechuga y col china.

50. Hamburguesa de champiñones, queso, apio y

manzana

Ingredientes:

- 150 g de apio
- 15 g de queso rallado
- 2 manzanas
- 2 champiñones grandes
- 2 rebanadas de pan de trigo
- 2 cucharadas de aceite de oliva
- 1 pimiento rojo
- 1 cucharada de mantequilla
- un manojo de albahaca fresca
- sal
- pimienta **preparación:**

1. Lave las verduras y frutas y escúrralas del agua. Retirar las costras de las rebanadas de pan y ponerlas en un plato.

2. Retirar las semillas, cortar los pimientos en rodajas finas, luego ponerlos en una sartén con 1 cucharada de aceite de oliva, espolvorear con una pizca de sal y sofreír durante 1,5 minutos.

3. Escurrir la grasa frita y ponerla sobre rebanadas de pan. Pelar el apio y rallarlo con un rallador de verduras de malla gruesa.

4. Pelar las manzanas, quitar las semillas, cortar la pulpa en cubos pequeños, combinar con el apio rallado y verter 1 cucharada de aceite de oliva.

5. Mezclar los ingredientes vertidos y agregar al pan. Limpiar los champiñones, añadir 2 tazas de agua ligeramente salada, llevar a ebullición y escurrir. Pelar la cebolla, cortarla en dados y sofreír en mantequilla caliente.

6. Luego ponemos los champiñones vitrificados, espolvoreamos con pimienta, sal y queso rallado y los metemos en el horno precalentado a 170 grados centígrados. Hornee hasta que el queso se derrita, luego retire del horno y agregue al plato. Decora todo con hojas de albahaca.

51. Hamburguesa de polenta con tofu

ingredientes

- 4 panecillos integrales
- 400 g de tofu (en 4 rodajas iguales)
- 4 tomates ciruela
- $\frac{1}{2}$ pepino
- 4 hojas lollo biondo
- 1 cucharada de harina integral
- 2 cucharadas de sémola de maíz
- 2 cucharadas de pan rallado integral
- 1 cucharada de perejil picado
- sal
- pimienta
- 2 cucharadas de aceite

Pasos de preparación

1. Corta el bollo por la mitad. Escurre el tofu y luego sécalo. Lavar los tomates, quitarles el

126

tallo y cortarlos en rodajas. Lava el pepino y córtalo en rodajas muy finas. Limpiar, lavar y secar las hojas de lechuga.

2. Mezcle la harina con 3-4 cucharadas de agua. Mezclar la sémola de maíz con el pan rallado y el perejil. Salpimente el tofu y agregue el líquido de la harina y el pan con la mezcla de sémola, migas y hierbas. Caliente el aceite en una sartén caliente, luego fría las hamburguesas durante 4-5 minutos hasta que estén doradas.

3. Cubre la mitad inferior del panecillo con tomates, pepino y lechuga y coloca encima la hamburguesa de tofu. Coloque la tapa del panecillo y sirva la hamburguesa con salsa de tomate.

52. Hamburguesas de quinua y verduras

Ingredientes:

- 200 g de maíz en salmuera
- 200 g de frijoles negros en escabeche
- 2 cucharadas de aceite
- 1 taza de quinua
- 1 puñado de espinacas frescas
- 1 cucharada de pasta de tomate
- 1 cucharada de pan rallado
- 1 cucharadita de ají molido
- 1 cucharadita de ajo granulado
- 0.5 cucharaditas de comino molido
- sal

preparación:

1. Lavar las espinacas, escurrirlas y picarlas finamente. Escurre el maíz y los frijoles negros del pepinillo y viértelos juntos en un tazón.

2. Enjuague la quinua con agua corriente, viértala en una cacerola, vierta 2 tazas de agua ligeramente salada y cocine hasta que esté suelta. Después de cocinar, evaporar la quinua y agregar a los frijoles negros escurridos y el maíz en un bol.

3. Agregue la espinaca picada, el pan rallado, el ajo granulado, el comino molido, el chile y vierta la pasta de tomate.

4. Mezclar todo bien y formar manualmente pequeñas chuletas. Ponlos en aceite caliente en una sartén y fríelos por ambos lados a fuego medio hasta que se doren. Luego retíralo del fuego y ponlo en la tabla.

53. Tofu-Burger

ingredientes

- 200 g de calabaza
- 2 cebolletas
- 1 diente de ajo
- 1 ½ aceite de oliva
- 2 jarabe de arce
- 1 vinagre de vino blanco
- 1 guindilla seca pequeña
- sal
- pimienta
- 20 g de jengibre (1 pieza)
- 2 cremas para ensalada de yogur
- 1 tomate pequeño

- 2 hojas grandes de lechuga (p. Ej., Lollo bionda)
- 2 bollos de hamburguesa integral
- 250 g de tofu
- 2 sésamo

Pasos de preparación

1. Pelar la calabaza y quitarle las semillas si es necesario. Cortar la pulpa de la calabaza en cubos de 5 mm.
2. Limpiar, lavar y picar finamente las cebolletas. Pelar y picar los ajos.
3. Calentar 1 cucharada de aceite en una sartén, sofreír los trozos de cebolla y el ajo durante 3 minutos hasta que no tengan color.
4. Agregue el jarabe de arce e inmediatamente agregue el vinagre.
5. Agrega los cubitos de calabaza, desmenuza con la guindilla y agrega un poco de agua. Tape y cocine a fuego medio durante unos 12 minutos (si es necesario, agregue un poco de agua durante el tiempo de cocción). Sazone con sal y pimienta y reserve.
6. Pelar el jengibre, rallarlo finamente y mezclarlo con la crema de la ensalada.
7. Lavar los tomates, secarlos y cortarles el tallo en forma de cuña. Corta el tomate en

rodajas. Lava las hojas de lechuga y agita para secar.

8. Cortar por la mitad los panecillos para hamburguesa y dorarlos ligeramente en la tostadora o debajo de la parrilla caliente.

9. Cortar el tofu en rodajas de 1 cm de grosor. Ase en una sartén para grill ligeramente engrasada durante 1-2 minutos por cada lado.

10. Coloque la lechuga, las rodajas de tomate, la compota de calabaza y la crema de jengibre en las mitades inferiores de los panecillos.

11. Coloque las rodajas de tofu y las mitades del panecillo encima. Sirve espolvoreado con semillas de sésamo.

54. Hamburguesas en salsa de tomate

Ingredientes:

- 3 cucharadas de aceite
- un manojo de espinacas frescas
- pimienta
- sal

Burgery:
- 400 g de carne molida
- 1 cebolla
- 1 huevo
- 1 cucharadita de cilantro molido
- 1 cucharadita de tomillo seco
- 0.5 cucharaditas de ají rojo molido

Llamada de socorro:
- 6 tomates cherry
- 2 cucharadas de pasta de tomate
- 1 cucharadita de salsa tabasco
- 1 cucharada de aceite
- 1 diente de ajo
- 0.5 cucharaditas de mostaza molida

preparación:

1. Lavar las verduras y escurrir el agua. Pon las espinacas en un plato.

2. Prepara las hamburguesas: pon la carne picada en un bol. Pelar la cebolla, picarla finamente, sofreír en 1 cucharada de aceite en una sartén y agregar a la carne picada en un bol. Agregue un huevo, agregue cilantro

molido, ají y tomillo seco. Sazone al gusto con una pizca de sal y pimienta y amase bien a mano. Forme chuletas con los ingredientes preparados y fríalas en 2 cucharadas de aceite caliente en una sartén hasta que estén doradas por ambos lados. Retirar los fritos del fuego, escurrir la grasa y agregar a las espinacas en el plato.

3. Prepara la salsa: corta los tomates cherry en cubos pequeños. Pelar el ajo de la piel, picarlo finamente y saltearlo en 1 cucharada de aceite caliente en una sartén. Agrega los tomates picados al ajo glaseado, espolvorea con una pizca de sal, pimienta, mostaza molida y sofríe durante 1,5 minutos a fuego medio. Luego agrega la pasta de tomate a los ingredientes fritos, agrega la salsa tabasco, revuelve y cuece, tapado, por otros 1.5 minutos. Pasado este tiempo, retira todo del fuego y pon las hamburguesas previamente fritas.

56. Hamburguesa de garbanzos a la parrilla

ingredientes

- 100 g de bulgur
- 340 g de garbanzos
- 1 puñado de hojas de lechuga (p. Ej., Rúcula, lechuga de escarola)
- 8 tomates cherry
- 1 cebolla morada
- ½ traste de perejil de hoja plana
- 2 cebollas blancas
- 2 dientes de ajo
- sal
- pimienta
- comino molido

- chile en polvo
- 20 g de harina integral de espelta (1 cucharada)
- 1 cucharadita de levadura en polvo
- 50 g de pan rallado integral
- ½ pimiento rojo
- 3 tallos de cilantro
- 1 huevo
- 4 panecillos integrales
- 5 g de mantequilla (1 cucharadita)

Paso de preparación

1. Para la hamburguesa bulgur, cocine de acuerdo con las instrucciones del paquete. Vierta los garbanzos en un colador, enjuague con agua corriente, escurra.

2. Mientras tanto, lave las hojas de lechuga y déjelas secar. Lave los tomates, córtelos por la mitad. Pelar la cebolla morada y cortarla en aros finos.

3. Lavar el perejil, agitar para secar y quitar las hojas. Pelar y picar las cebollas blancas y el ajo.

4. Tritura finamente los garbanzos, el bulgur, las cebollas blancas, el ajo y el perejil en una licuadora. Sazone bien con sal, pimienta, comino y chile en polvo.

5. Mezclar la harina con la levadura en polvo y el pan rallado en un bol y amasar con la mezcla de garbanzos para formar una masa firme.

6. Limpiar, lavar y picar finamente medio pimiento. Lavar el cilantro, agitar para secar y picar finamente. Amasar el pimiento morrón, el cilantro y el huevo en la mezcla de garbanzos y sazonar al gusto.

7. Forma 4 hamburguesas grandes con la mezcla y ásalas a la parrilla en la parrilla caliente hasta que estén doradas por ambos lados durante unos 15 minutos, dándoles vuelta con cuidado de vez en cuando.

8. Mientras tanto, corte los panecillos por la mitad. Calentar la mantequilla en una sartén antiadherente y tostar los panecillos hasta que estén dorados en la superficie cortada.

9. Coloque 2 mitades de rollo en cada uno de los 4 platos, cubra con lechuga, sazone con sal y pimienta. Coloque 4 mitades de tomate y unos aros de cebolla en cada mitad y una hamburguesa de garbanzos en la otra mitad y sirva inmediatamente.

57. Hamburguesas con queso y verduras

Ingredientes:

- 100 g de queso Gouda rallado
- 3 cucharadas de aceite
- 2 tomates
- 1 baguette
- 1 berenjena
- perejil verde
- sal
- pimienta negro
- eneldo verde **preparación:**

1. Lave todas las verduras y hierbas y escúrralas. Cortar los tomates y la berenjena en rodajas finas. Cortar la baguette en rodajas de 1 cm de grosor y rociar con aceite.

2. Luego espolvorea con queso Gouda rallado y coloca encima los tomates previamente picados. Ponle otra capa de queso rallado y berenjena.

3. Espolvorear todo con una pizca de sal y pimienta, luego meter en un horno precalentado a 175 ° C y hornear hasta que el queso esté completamente disuelto. Cuando el queso esté derretido, sacar del horno, poner en un plato y espolvorear con perejil verde picado y eneldo.

58. Hamburguesa vegana con hamburguesa de

garbanzos

ingredientes

- 2 tomates reliquia amarillos grandes
- 4 pepinillos
- 1 puñado de espinacas tiernas
- 1 pimiento verde picante ☐ 1 chalota
- 3 champiñones marrones
- 240 g de garbanzos (vaso; peso escurrido)
- 3 cucharadas de hojuelas de avena fina
- 1 cucharada de tahini
- sal
- pimienta
- 1 cucharada de aceite de oliva
- 4 panecillos multicereales

Pasos de preparación

1. Lavar los tomates, cortar el tallo y cortar los tomates en aprox. Rodajas de 1 cm de grosor. Escurre los pepinos y córtalos en rodajas con un cuchillo de color. Lave las espinacas y déjelas secar. Pica finamente algunas hojas. Lavar, descorazonar y picar finamente los pimientos. Pelar y picar finamente la chalota. Limpiar los champiñones y cortarlos en dados lo más pequeños posible. Escurrimos y escurrimos los garbanzos. A continuación, haga un puré fino y mezcle en un bol con las espinacas picadas, los pimientos y los

champiñones. Agrega las hojuelas de avena y el tahini y sazona bien con sal y pimienta. Amasar bien la mezcla y dejar reposar durante unos 10 minutos. Si aún está demasiado suave después de eso, agregue un poco más de avena. Forma 4 hamburguesas con la mezcla.

2. Caliente el aceite de oliva en una sartén y fría las hamburguesas durante unos 3 minutos por ambos lados. Corta los panecillos por la mitad y cúbrelos con algunas hojas de espinaca, tomates, pepinillos y una hamburguesa cada uno. Coloque la parte superior del roll-on, asegúrelo con una brocheta como desee y sirva.

59. Hamburguesas de champiñones y cebolla con ensalada

Ingredientes:

- 2 rollos generalmente
- 2 champiñones grandes
- 2 cebollas
- 1 cucharadita de tomillo seco
- 1 cucharada de azúcar morena
- 0.5 tazas de vino tinto semidulce
- 0.5 cucharaditas de comino molido
- aceite para freír
- sal
- pimienta *Ensalada:*
- 2 peras
- 2 tazas de agua hirviendo
- 1 cuarto de col lombarda

- 1 cucharada de aceite de oliva
- 0.5 tazas de puré de nueces
- 0.5 cucharaditas de azúcar en polvo
- un manojo de rúcula **preparación:**

1. Lavar las verduras, las peras y los champiñones y escurrirlos. Pon el cohete en un plato. Corta los rollitos en mitades y agrégalos a la rúcula en el plato. Retirar las membranas y los palitos de los champiñones, espolvorearlos con una pizca de sal y ponerlos en el aceite caliente y profundo de la sartén. Freír los champiñones a fuego medio hasta que se doren. Retirar el marrón del fuego, escurrir la grasa y añadir a los rollitos cortados. Pelar las cebollas de la piel, cortar en rodajas finas y freír en 3 cucharadas de aceite caliente en otra sartén. Vierta tomillo seco, comino molido y azúcar morena en la cebolla glaseada. Mezclar los ingredientes y sofreír hasta que se disuelva el azúcar. Luego vierta el vino tinto y cocine a fuego lento, tapado, hasta que la mitad del vino se haya evaporado. Entonces retira del fuego,

2. Preparar la ensalada: triturar la col lombarda en un rallador de verduras de malla gruesa,

ponerla en un colador, escaldarla con agua hirviendo, ponerla en un bol y espolvorear con azúcar glass. Retire las peras de las semillas, córtelas en trozos pequeños y agréguelas al repollo en un bol. Vierta el puré de nueces, espolvoree el conjunto con aceite de oliva, mezcle y agregue al conjunto en un plato.

60. Hamburguesa de lentejas

ingredientes
- 250 g de lentejas rojas
- 1 diente de ajo
- 1 pimiento rojo puntiagudo pequeño
- 3 cucharadas de harina de soja

- 80 g de avena
- sal
- pimienta
- $\frac{1}{2}$ cucharadita de cúrcuma
- $\frac{1}{2}$ cucharadita de comino
- 2 cucharadas de aceite de colza
- 4 rollos de espelta integral
- 80 g de queso crema vegano
- 1 puñado de hierbas mixtas picadas
- 4 hojas de ensalada frisée
- 1 puñado de lechuga de cordero
- 1 tomate

Pasos de preparación

1. Cocine las lentejas hasta que estén blandas durante unos 15 minutos y luego escúrralas. Mientras tanto, pelar y picar finamente los ajos. Lavar y limpiar los pimientos y cortarlos en dados lo más pequeños posible. Triturar las lentejas por la mitad y mezclar con el ajo, el pimentón, la harina de soja, 3 cucharadas de agua y las hojuelas de avena. Agrega las lentejas restantes y sazona bien la mezcla con sal, pimienta, cúrcuma y comino.

2. Forme albóndigas con la mezcla. Calentar el aceite en una sartén y sofreír las albóndigas durante unos 4 minutos por ambos lados.

145

3. Corta los panecillos por la mitad. Mezclar el queso crema vegano con las hierbas mixtas picadas y untar con él la parte superior de los panecillos. Lava la lechuga y agita para secar. Lavar y cortar el tomate en rodajas.

4. Colocar las hojas de lechuga en las mitades inferiores del rollo, encima la albóndiga, las rodajas de tomate y la lechuga de cordero. Ponga la tapa del panecillo y sirva.

61. Hamburguesa de soja

ingredientes
- 200 g de soja seca
- cebolla
- 10 g de jengibre
- 1 ají rojo

- 1 cucharada de hojas de cilantro (recién picadas)
- 60 g de pan rallado integral
- 1 huevo
- sal
- pimienta
- 2 cucharadas de aceite de soja
- 2 cucharadas de mayonesa
- 2 cucharadas de mostaza granulada
- 6 hojas lollo bionda
- 200 g de pepino
- ½ caja de berro de jardín
- 4 bagels integrales

Pasos de preparación

1. Remoje las semillas de soja en abundante agua durante la noche. Al día siguiente, vierta el agua de remojo y cocine en agua dulce durante aproximadamente 1,5 horas hasta que esté suave.

2. Mientras tanto, pele la cebolla y el jengibre y píquelos finamente. Cortar el chile por la mitad a lo largo, descorazonarlo, lavarlo y picarlo.

3. Escurrir la soja, escurrir bien y picar con la batidora de mano. Mezclar el puré de soja con la cebolla, el jengibre, la guindilla, el

cilantro y el pan rallado. Agrega el huevo y sazona con sal y pimienta. Amasar todo bien.

4. Forme 4 hamburguesas con la mezcla y fríalas una tras otra. Para hacer esto, caliente el aceite en una sartén. Agregue las hamburguesas y fría durante 4-5 minutos por cada lado a fuego medio hasta que estén doradas.

5. Mezclar la mayonesa con la mostaza. Lavar la lechuga, agitarla para secarla y arrancarla más pequeña. Lava el pepino y córtalo en rodajas finas. Corta los berros de la cama.

6. Corta los bagels, cubre la parte inferior con hojas de lechuga y cubre con mayonesa. Cubre la parte inferior con empanada, rodajas de pepino y berros. Tape y sirva inmediatamente.

62. Hamburguesas de frijoles, pimientos y

patatas

Ingredientes:

- 2 cucharadas de aceite de oliva
- 2 rollos regulares
- 2 cornisa
- 2 lonchas de queso cheddar
- sal
- pimienta *Burgery:*
- 400 g de frijoles negros en escabeche
- 4 patatas
- 1 cebolla
- 1 huevo

- 1 pimiento verde
- 1 cucharada de pasta de tomate
- 0.5 cucharaditas de especias de papa
- 0.5 cucharaditas de especias de frijoles
- 0.5 cucharaditas de cilantro seco

preparación:

1. Cortar los pepinillos en rodajas finas. Bollos ordinarios, cortados en mitades y dorados en 2 cucharadas de aceite caliente en una sartén a fuego medio, luego retíralos del fuego.

2. Prepare las hamburguesas: friegue bien las patatas con agua corriente, póngalas en una cacerola, vierta agua para que no se salgan y cocine hasta que estén blandas en su chaqueta. Escurrir después de cocinarlos, pelarlos y cortarlos en dados en un bol.

3. Retire las semillas de los pimientos, córtelos finamente y añádalos a las patatas en un bol. Escurre los frijoles de la salmuera y tritúralos con un mortero.

4. Pelar la cebolla de la piel, cortarla en dados y agregar a los ingredientes en un bol, luego agregar la pasta de tomate y batir el huevo. Sazone al gusto con una pizca de sal,

pimienta, condimento de frijoles, condimento de papa, cilantro seco y mezcle.

5. Forme chuletas con los ingredientes mezclados y fríalas hasta que estén doradas en el aceite caliente restante en la sartén. Mientras fríes el otro lado de las chuletas, ponle rodajas de queso cheddar y fríelo hasta que el queso comience a derretirse.

63. Hamburguesas de queso y patatas

Ingredientes:

- 200 g de requesón
- 4 rebanadas de pan
- 4 hongos ☐ 2 huevos
- 2 zanahorias
- 2 dientes de ajo
- 2 cucharadas de crema agria espesa
- 1 kg de patatas
- 1 cucharada de aceitunas rojas en adobo
- 1 pimiento rojo
- 0.5 tazas de queso rallado

- perejil verde
- aceite para freír
- sal

preparación:

1. Unte el pan con aceite y dórelo a fuego medio en una sartén caliente. Retirar el marrón del fuego y poner en un plato. Lave las verduras y los champiñones y escurra del agua. Retire las semillas del pimiento y córtelo en trozos pequeños. Pelar los champiñones y cortarlos en rodajas finas. Pica finamente el perejil verde.

2. Cubre las patatas y las zanahorias con agua y cocínalas junto con la piel hasta que estén tiernas. Escurrir cuando esté cocido y pelar. Pase las verduras peladas y el requesón por una picadora de carne.

3. A los ingredientes pasados, agregue el queso rallado, el perejil verde picado (dejar un poco para espolvorear en el plato), agregue los huevos, sazone al gusto con pimienta y sal y mezcle bien.

4. Forme chuletas a mano con los ingredientes mezclados y fríalas por ambos lados hasta que estén doradas en un aceite caliente y profundo en la sartén. Las fritas, escurrimos

la grasa y se ponemos sobre el pan, luego se vierte la crema agria por encima.

5. Pelar el ajo de la piel, picarlo finamente y freírlo en 2 cucharadas de aceite caliente en una sartén. Agregue los champiñones picados y las aceitunas escurridas de la salmuera.

6. Freír los ingredientes durante 1,5 minutos a fuego medio, luego retirar del fuego y agregar al conjunto. Espolvorear el plato terminado con pimentón picado y el perejil verde y luego sacarlo del fuego y agregarlo al conjunto. Espolvorear el plato terminado con pimentón picado y el perejil verde y luego sacarlo del fuego y agregarlo al conjunto.

7. Espolvorea el plato terminado con pimentón picado y el perejil verde.

64. Hamburguesa de bistec con col lombarda

ingredientes

- 200 g de col lombarda (1 pieza)
- 2 cebollas moradas 3 cucharadas
- vinagre de vino tinto
- 2 cucharaditas de miel
- 4 cucharadas de aceite de oliva
- sal
- pimienta
- 600 g de lomo o lomo (1 lomo o lomo)
- mar grueso sal
- 4a ronda de rollos de centeno integral

Pasos de preparación

1. Limpiar y lavar la col roja y cortar la col en tiras finas. Pelar las cebollas, cortar 1 en tiras; Cortar el segundo en aros y reservar.

2. Amasar la col lombarda con tiras de cebolla, vinagre, miel y aceite de oliva, sazonar con sal, pimienta y dejar reposar durante 30 minutos.

3. Mientras tanto, seque el bistec con palmaditas, sazone con sal marina y fría en una sartén caliente por ambos lados durante 5-7 minutos a fuego alto. Sacar el bife de la sartén, dejar reposar 5 minutos y sazonar con pimienta.

4. Mientras tanto, corte los rollos de centeno por la mitad horizontalmente.

5. Corta la carne en tiras. Cubra los panecillos con la ensalada de col roja escurrida, las tiras de bistec y los aros de cebolla y asegure la tapa del rollo con palos de madera como desee.

65. Hamburguesas de queso y pita

Ingredientes:

- 20 g de requesón para sándwich
- 4 tomates
- 2 panes de pita
- 2 hojas de lechuga verde
- 2 cucharadas de aceite
- 1 cebolla morada
- 0.5 tazas de agua tibia
- sal
- pimienta

Para hamburguesas:

- 200 g de carne de cerdo picada
- 2 dientes de ajo

☐

1 huevo

• 1 cucharadita de menta finamente picada

• 1 cucharadita de orégano seco

• 0.5 cucharaditas de pimienta gorda molida **preparation:**

1. Lavar las verduras y escurrir el agua. Pon la lechuga en un plato. Corta los tomates en rodajas. Pelar la cebolla y cortarla en rodajas finas. Remojar el pan de pita con agua tibia, ponerlo en una sartén caliente sin grasa y freír durante 40 segundos por cada lado. Agrega el frito a la lechuga.

2. Preparar las hamburguesas: poner la carne picada en un bol, agregar la menta picada, el orégano seco, la pimienta gorda molida, sazonar al gusto con una pizca de sal y pimienta y agregar un huevo. Amasar todo a mano y luego formar chuletas. Poner todo en aceite caliente en una sartén y freír por ambos lados hasta que se doren. Retirar los fritos del fuego y agregarlos a los ingredientes. Luego agregue el queso sándwich y las verduras picadas.

66. Hamburguesa con aguacate, queso y

remolacha

Ingredientes:

- 250 g de carne molida
- 2 bollos de hamburguesa
- 2 remolachas rojas grandes
- 2 dientes de ajo
- 2 aguacates
- 2 pepinos pepinillos
- 2 tomates
- 2 lonchas de queso
- 1 lechuga
- 1 huevo
- aceite para freír

sal

□

- pimienta **preparación:**

1. Lave todas las verduras y frutas y escúrralas del agua. Verter 3 tazas de agua sobre las remolachas rojas, hervirlas con la piel, luego escurrirlas, pelarlas y rallarlas en un rallador de verduras con mallas gruesas. Corta los bollos en mitades. Corta los tomates en rodajas finas. Pelar la piel, cortar el aguacate, quitar el hueso y licuar la pulpa con una batidora. Pelar el ajo de la piel, pasarlo por la prensa y combinar con la carne picada. Luego agregue un huevo, sazone al gusto con pimienta y sal, y luego amáselo bien a mano. Formar chuletas planas con la masa preparada y freír en una sartén en 4 cucharadas de aceite caliente a fuego medio hasta que se doren por ambos lados. Retirar los fritos del fuego y escurrir la grasa. Poner las lonchas de queso, en rodajastomates y chuletas fritas sobre las hojas de lechuga. Agregue el aguacate mezclado y envuélvalo con lechuga. Servir con remolacha roja y pepinillos.

67. Hamburguesa de champiñones

Ingredientes:

- 300 g de carne molida
- 20 g de champiñones
- 4 lonchas de queso parmesano
- 4 cucharadas de aceite
- 2 cebollas
- 2 bollos de hamburguesa
- 1 tomate
- 1 huevo
- 1 cucharadita de cilantro molido
- 0.5 cucharaditas de mejorana molida
- 0.5 cucharaditas de tomillo molido
- sal

pimienta

preparación:

1. Lavar el tomate y los champiñones y escurrirlos del agua. Cortar el tomate en rodajas finas, quitar la membrana de los champiñones y cortar en trozos. Pelar la cebolla de la piel. Cortar una cebolla en dados y ponerla en un bol y la otra en rodajas finas. Corta los bollos en mitades y ponlos en un plato. Combine la carne picada con la cebolla picada, agregue el huevo, agregue el cilantro molido, la mejorana y el tomillo. Amasar a mano y darles forma de chuletas, luego ponerlas en 2 cucharadas de aceite caliente en una sartén y freír hasta que estén doradas por ambos lados. Al freír el otro lado de las chuletas (cuando esté dorado), agregue las rodajas de queso parmesano, luego cubra todo con una tapa y fría a fuego medio hasta que el queso se derrita. Luego retirar del fuego y poner los rollitos cortados, y poner encima el tomate picado.cebolla, sofreír, luego agregar los champiñones picados, espolvorearlos con una pizca de sal y pimienta y sofreír durante 2 minutos a fuego medio. Retirar los fritos del fuego y agregar al conjunto.

68. Hamburguesas con pan de pita y verduras

Ingredientes:

- 2 tomates
- 2 hojas de lechuga
- 2 cucharadas de aceite
- 1 pan de pita
- 1 remolacha roja
- sal
- pimienta

Hamburguesas:

- 400 g de carne molida
- 1 cebolla morada
- 1 cucharada de aceite
- 1 cucharada de pan rallado
- 1 huevo

- 1 diente de ajo
- 0.5 cucharaditas de cilantro molido

preparación:

1. Lavar las verduras y escurrir el agua. Corta los tomates en rodajas finas. Poner la remolacha roja en un cazo, verter agua por encima para que no sobresalga, cocinar la piel hasta que esté tierna y escurrir. Luego, pélalo y córtalo en rodajas finas. Poner la pita en una sartén caliente sin grasa y freír durante 1 minuto por ambos lados. Luego retirar del fuego, dividir por la mitad y poner en un plato. Ponle las hojas de lechuga y los tomates picados.

2. Preparar las hamburguesas: poner la carne picada en un bol y agregarle el pan rallado. Pelar el ajo y la cebolla de la piel, cortarlos finamente y freírlos en aceite caliente en una sartén. Agrega los ingredientes glaseados a la carne con el pan rallado. Luego sazone todo al gusto con una pizca de sal, pimienta, cilantro molido, luego agregue un huevo y amase a mano. Formar chuletas con los ingredientes preparados y freírlas por ambos lados en aceite caliente en una sartén hasta

que estén doradas. Luego retírelos del fuego
y agregue al plato.

3. Coloque las rodajas de remolacha roja encima
   de las hamburguesas terminadas y espolvoree
   todo con pimienta.

69. hamburguesa india

ingrediente

- carne picada - 500 g de ternera
- ajo - 2 cucharaditas suelo
- jengibre - 2 cucharaditas suelo
- cilantro - 1 eslabón pequeño
- pimientos picantes - 2 piezas verde
- pan - 2 rebanadas sumergidas en agua
- cilantro - 1 cucharadita. al polvo
- comino - ½ cucharadita
- garam masala - 1 cucharadita
- jugo de limón - 1 cucharadita
- panes - 4 piezas para hamburguesas
- Aceite para freír
- aceite - para untar

- tomates - 2 piezas Corte
- cebolla - 1 cabeza **preparación**

1. En un tazón hondo, combine la carne picada, el jengibre, el ajo, el cilantro picado, los pimientos picantes, el pan escurrido, la sal y el jugo de limón, y todas las especias.

2. Mezclar bien y formar hamburguesas.
Caliente el aceite en una sartén para grill (tal vez una sartén normal) y fría las hamburguesas hasta que estén cocidas.

3. Mientras se fríen, corta los bizcochos de hamburguesa por la mitad, asa a la parrilla y engrasa con mantequilla.

4. Ponga una hamburguesa en cada pan, coloque rodajas de cebolla y tomate encima. Sazone con sal, si es necesario, y sirva inmediatamente.

70. Hamburguesa con tomates y aceitunas

Ingrediente

- panes - 4 piezas integral o blanco
- tomates - 2 piezas maduro
- aceitunas - 100 g de la mezcla
- salchicha - 100 g de salchicha u otros. mil
- queso - 200 g de queso gouda, cheddar o amarillo
- aceite de oliva **preparación**

1. Retirar los huesos de las aceitunas y cortarlas en círculos. Espolvorear con un poco de sal si es necesario y mezclar con aceite de oliva.

2. Cortar las hogazas por la mitad y untar un poco de aceite de oliva por la base. Ponga queso en cada rebanada, coloque rebanadas

finas de salchicha encima y espolvoree con aceitunas.

3. Hornea los panes en un horno fuerte hasta que el queso se derrita.

4. Mientras tanto, pica los tomates en trozos pequeños.

5. Retirar las hamburguesas del horno, esparcir los tomates sobre cada una y cubrir con la parte superior del pan.

6. Diviértete con esta hamburguesa con tomates y aceitunas.

RECETAS PARA UN APERITIVO PERFECTO

71. Hamburguesa funcional

Ingredientes

- 400 g de carne molida magra (yo uso patino)
- 1 clara de huevo
- 1 col. (sopa) de semilla de chía
- 1 col. (postre) harina de linaza (o copos de quinua)
- 1/2 cebolla mediana en cubos
- 1/4 taza. (té) de perejil picado
- Sal y pimienta negra al gusto

Guarniciones

- 4 bollos de hamburguesa, preferiblemente integrales
- 4 col. (postre) queso crema light
- 4 rodajas de tomate

- Hojas de lechuga

Cómo preparar

1. En un recipiente hondo, mezcla la carne, las claras de huevo, la chía, la harina de linaza, la cebolla y el perejil. Condimentar con sal y pimienta. Dividir en cuatro partes iguales y moldear en forma de hamburguesa. En una sartén antiadherente, dore la hamburguesa por ambos lados utilizando la técnica sin aceite. Para montar el sándwich: untar el queso crema sobre uno de los trozos de pan y añadir la lechuga, el tomate y la hamburguesa. Cierre el sándwich y sirva inmediatamente. ¡Ah! Allí también puedes preparar el pan bajo en carbohidratos en el microondas.

72. Fit hamburguesa de pollo con avena

Ingredientes

- 350 gramos de pechuga de pollo (molida)
- 1/2 cebolla picada
- 2 dientes de ajo
- cebollino al gusto
- 2 cucharadas de avena
- pimentón dulce al gusto
- Pimienta negra y sal al gusto
- Aceite de oliva (para untar las manos y freír) **preparación**

1. En una licuadora o robot de cocina, agrega el pollo (ya molido), la cebolla, el ajo, el cebollino y bate hasta formar una masa.

2. Transfiera a un recipiente grande, agregue la avena, el pimentón dulce, la pimienta, la sal y mezcle bien.

3. Engrase sus manos y comience a dar forma a las hamburguesas del tamaño deseado.

4. Llévalos al congelador por 20 minutos.

5. En una sartén, coloque un chorrito de aceite y dore ambos lados de las hamburguesas.

6. Ahora solo sirve. Disfruta tu comida.

73. Hamburguesa de cerdo con salsa de pepino

Ingredientes

Para 4 hamburguesas:

- 300 g de filete de cerdo
- 1/2 cebolla pequeña
- 3 dientes de ajo
- Sal y pimienta negra al gusto
- 4 bollos de hamburguesa con sésamo
- 8 rodajas finas de tomate
- 4 hojas de lechuga picadas, crujientes o picadas
- Chips de queso parmesano
- condimento de pepino *Ir con:*

- 12 patatas asterix pequeñas
- 2 litros de agua
- sal
- Flor de sal (opcional)
- Aceite para freír
- 4 botellas refrigeradas de Bamberg Pilsen

Método de preparación *hamburguesa de cerdo*

1. En un procesador de alimentos, coloque la cebolla y el ajo y tritúrelos. Luego agrega la carne y bate hasta que esté muy pequeña y mezcla bien con la cebolla y el ajo. (Si quieres puedes comprar la carne ya molida y solo mezclar la cebolla y el ajo).

2. Hacer 4 bolitas con la carne y aplanar cada una para formar las hamburguesas. Sazone con sal y pimienta al gusto. Deje la carne en el congelador durante 20 minutos antes de freír.

3. Calentar la sartén y sofreír las hamburguesas hasta el punto deseado.

4. Cortar los bollos por la mitad y tostar en el horno a 210 ° C durante unos 5 minutos.

Patatas:

1. Deje hervir el agua y corte las patatas en 8 a lo largo. Cuando el agua comience a hervir,

agregue las papas y la sal. Cocine por 15 minutos. Escurrir y reservar.

2. Calienta el aceite a temperatura media. Sofreír lentamente las patatas hasta que estén doradas. Retirar del aceite y colocar sobre papel absorbente.

3. Condimente con la mezcla de flor de sal y pimienta.

74. Hamburguesa de Res con Quinua

Ingredientes

- ½ kg de carne magra (patito)
- 3 dientes de ajo
- 1 cebolla
- Sal y pimienta para probar
- 3 cucharadas de hojuelas de quinua

Método de preparación

1. Mezcle los ingredientes hasta que estén muy suaves.
2. Engrasa tus manos con un poco de aceite y da forma a las hamburguesas a mano o si lo prefieres usa un cortador de aluminio.

3. Para condimentar la hamburguesa y hacerla más sabrosa y nutritiva, puede agregar zanahorias, calabacines, remolachas, perejil. A los niños les encantará mucho.

4. La quinua también se puede sustituir por avena, amaranto o linaza.

5. La carne de res se puede sustituir por pollo, filete de pescado o proteína de soja texturizada (carne de soja).

6. Para congelar, simplemente envuelva las porciones de hamburguesa en una película de plástico o aluminio. Se pueden congelar hasta por 6 meses.

7. Espero que te guste la propina.

75. hamburguesa de cangrejo

Ingredientes

- 500g de carne de cangrejo (yo usé el guiso congelado en escabeche porque era lo que tenía en ese momento)
- 1/4 de cebolla morada
- 2 dientes de ajo
- 1/4 de pulpa de pimiento rojo (asar el pimiento al fuego y quitarle la piel y las semillas)
- Pimentón picante al gusto
- cilantro picado al gusto
- 1 huevo
- Pan rallado para encender (máximo 1 taza)
- Pimienta al gusto
- sal al gusto

- Jugo de medio limón *por la salsa secreta*
- 3 yemas de huevo
- 100ml de aceite
- 2 dientes de ajo
- 3 pepinillos de pepino picados
- 2 cucharadas de alcaparras picadas
- perejil
- 1 cucharada de mostaza de dijon
- Sal y pimienta para probar
- Adornos
- queso mozzarella
- pan de huevo o sésamo
- Lechuga
- Tomate
- Salsa especial **Preparación** *para las hamburguesas*

1. Descongela la carne de cangrejo, escurre toda el agua sí, va a soltar mucha agua. Condimentar con sal y pimienta. Agrega la cebolla y el ajo picado, la pasta de pimiento, el huevo, el limón, el cilantro. Mezclar todo hasta que quede uniforme. Agrega la harina poco a poco, hasta llegar al punto. Atención, debe permanecer húmeda porque lo que hace que las hamburguesas de carne se peguen es la grasa de la carne que no está presente en

este proceso. Por tanto, tendrás que moldearlo a mano o con una anilla de metal. En una sartén añadir un poco de aceite y sofreír las hamburguesas. Coloca las rodajas de queso encima y mete al horno para que se derrita.

2. Para la salsa especial, batir las yemas con un batidor de varillas hasta que se pongan de color amarillo claro y agregar el aceite, en un mechón, como en la mayonesa, hasta que quede una crema consistente. Si tienes una batidora, ahora es el momento de usarla. Luego agregue las especias, el ajo, la sal, el perejil y la mostaza. Por último, añadir los pepinillos encurtidos y las alcaparras finamente picadas. Mezclar todo y dejar enfriar en el frigorífico en un recipiente tapado.

3. Coloque el pan en el horno, partido por la mitad para tostar. Unta las dos rodajas con la salsa y coloca la hamburguesa con el queso derretido, una hoja de lechuga y dos rodajas de tomate. Para acompañar se pueden hacer aros de calamar doré.

76. Hamburguesa con Doritos

Ingredientes

- 1 bollo para hamburguesa
- 120 g de carne molida
- 1 cucharadita de salsa de pimienta
- Sal y pimienta negra al gusto
- 1/2 ají picado sin semillas
- 30g de queso gouda con guindilla de Landana
- Lechuga americana al gusto
- Tomate al gusto
- 1 cucharada de mayonesa
- 1 cucharada de aceite
- 1/2 cucharada de mantequilla
- 30g de doritos

Preparación

1. Corta el pan de hamburguesa por la mitad y tuesta el interior en una sartén antiadherente caliente hasta que se dore. Reserva.

2. Sazona la carne con sal, pimienta negra, ají y salsa de pimienta (si piensas demasiado, solo usa un tipo de pimiento). Dale forma a la hamburguesa para que sea más grande que tu panecillo ya que la carne se encoge un poco en la sartén.

3. Unte su pan con mayonesa y déjelo con la lechuga y el tomate.

4. deliciosa hamburguesa

5. En la sartén antiadherente coloca el aceite y la mantequilla, cuando esté caliente coloca la hamburguesa y deja que se dore por un minuto y medio por un lado, dale la vuelta, agrega el queso, espolvorea unas gotas de agua para hacer vapor y tapar la sartén durante 1 minuto, hasta que el queso se derrita. Retirar de la sartén y colocar inmediatamente dentro del sándwich, terminando con los doritos. Servir inmediatamente.

77. Hamburguesas vegetarianas

ingredientes

- 1 paquete de hamburguesas veganas (2 piezas)
- 1 zanahoria (rallada gruesa)
- 1 cebolla (pequeña)
- 1/4 pepino
- Tomates de cóctel
- 1 pimiento (verde)
- Salsa de cóctel **preparación**
  1. Rallar la zanahoria en trozos grandes. Corta el pepino en rodajas. Corta los tomates cóctel por la mitad. Corta la

cebolla en aros. Corta el pimiento morrón en tiritas.

2. Fríe las hamburguesas veganas calientes.
3. Mientras tanto, tueste las mitades de pan. Primero coloque las rodajas de pepino, luego las zanahorias ralladas y las cebollas en la mitad inferior del panecillo tibio.
4. Coloque las hamburguesas calientes encima y cubra con tomates y pimientos.
5. Cubra con una salsa de cóctel de su elección, selle los bollos de hamburguesa y sirva las hamburguesas.

78. hamburguesa barbacoa con aros de cebolla

Ingrediente

- 400 g de filete de ternera molida
- 140 g (1 taza) de harina para todo uso
- 240 ml (1 taza) de agua con gas
- $\frac{1}{2}$ cucharadita de pimentón picante
- 1 cebolla
- 2 rebanadas grandes y gruesas de queso cheddar
- 6 cucharadas de salsa barbacoa
- 2 bollos australianos para hamburguesa
- sal
- Aceite para freír

preparación

1. Corta la cebolla en aros gruesos, de aproximadamente un dedo de grosor. En un bol, colocar el agua con gas y verter poco a poco la harina de trigo, mezclando bien con un fouet hasta obtener una mezcla homogénea. Incorpora también el pimentón y, si quieres, añade un poco de sal. Calentar mucho aceite en una sartén. Pasar los aros de cebolla por la masa con un tenedor. Escurrir el exceso de masa de los aros y freírlos en aceite. Reservar sobre papel absorbente.

2. Utilizando el bife molido, elaboramos las hamburguesas con ayuda de un molde. Si no

tienes molde, divide la porción de carne en 2, haz 2 bolas y tritura una a una con un plato, hasta que tenga aproximadamente 1 dedo y medio de altura. En un plato caliente, unte el aceite y coloque la hamburguesa. Dejar unos tres minutos y darle la vuelta. Sazonar con sal. Deje unos 2 a 3 minutos más y voltee de nuevo. Sazone también el otro lado con sal. Coloque las rodajas de queso y cubra. Deje que se derrita durante aproximadamente un minuto. Retirar la hamburguesa y pasar rápidamente el pan partido por la mitad a la parrilla.

3. Montaje: esparcir la salsa barbacoa sobre el pan, colocar la hamburguesa con el cheddar derretido y encima dos o tres aros de cebolla, encajando uno dentro del otro. Cubrir con la otra mitad del pan y servir después.

79. Receta de hamburguesa de pollo casera

Ingredientes

- 10 mini panes de hamburguesa integrales
- hojas de lechuga mimosa
- rebanadas de queso mozzarella o plato
- 1 zanahoria pequeña en trozos grandes
- 1/2 pechuga de pollo deshuesada cortada en trozos grandes
- 1 cebolla pequeña en trozos
- 1 diente de ajo
- 1 cucharadita de mejorana u orégano seco
- sal al gusto
- 1/2 taza de harina integral o blanca
  preparación

1. En un robot de cocina triturar las zanahorias, la cebolla y el ajo. Reserva.
   Mientras aún está en el procesador de alimentos, muele el pollo hasta que se convierta en una masa.
2. En un recipiente grande, coloque la mezcla de pollo, zanahoria, cebolla y ajo, sal y hierbas. Mezclar bien.
3. Agregue gradualmente la harina, una cuchara a la vez, mezclando constantemente. Sigue agregando harina hasta que puedas formar bolitas con la masa. No agregue demasiado para no obtener un fuerte sabor a harina.
4. Haga 10 bolas y luego tritúrelas para hacer hamburguesas. Déjelo reposar en el congelador durante 20 minutos.
5. Calentar una sartén untada con poco aceite. Freír ambos lados hasta que estén dorados. Cuando esté casi listo, poner el queso encima para que se derrita.
6. Sirve en panecillos con lechuga.

80. Hamburguesa vegetariana con frijoles

escarabajo

ingredientes

- 120 g de cuscús
- 1/2 cebolla
- 1 diente de ajo
- 150 g de frijoles escarabajo (cocidos)
- 100 g de zanahorias
- 1 huevo
- 1 cucharadita de perejil
- 1 cucharadita de cebollino
- 1 chorrito de jugo de limón
- sal
- Pimienta (recién molida)
- aceite de oliva *Para terminar:*
- 1 tomate de carne

- 1 puñado de cohete
- 100 g de queso de oveja (firme, p. Ej. Feta)
- mayonesa
- 4 bollos de hamburguesa **preparación**

1. Cubre el cuscús con la misma cantidad de agua hirviendo. Cubra y deje en remojo durante 10 minutos. Después de 5 minutos, esponja con un tenedor.

2. Pelar la cebolla y el ajo y picarlos finamente. Caliente 1 cucharada de aceite de oliva en una sartén y ase las cebollas hasta que estén doradas. Agrega el ajo y asa brevemente.

3. Triturar los frijoles escarabajo con un tenedor, pelar y rallar finamente las zanahorias. Pica finamente el perejil y las cebolletas.

4. Mezclar el cuscús, las cebollas asadas, las habichuelas machacadas, las zanahorias y las hierbas picadas con el huevo. Sazone al gusto con un chorrito de jugo de limón, sal y pimienta. Deje reposar la mezcla en un lugar fresco durante al menos 30 minutos.

5. Forme 4 hamburguesas con la mezcla con las manos mojadas y cepille con aceite por ambos lados. Ase en la parrilla caliente durante unos

10 minutos hasta que esté crujiente, dé vuelta después de 5 minutos. Alternativamente, puede asarlo en la sartén.

6. Lavar y cortar el tomate en rodajas. Lave la lechuga y déjela secar. Si es necesario, seque el queso de oveja y córtelo en rodajas.

7. Cortar los panecillos en forma transversal y calentarlos brevemente en la parrilla. Coloque las empanadas encima de los panecillos. Cubrir con rodajas de tomate, rúcula y queso de oveja y terminar con un poco de mayonesa. Coloque la tapa del panecillo encima.

81. Hamburguesa casera

ingrediente

- 600g de carne molida
- 1 cebolla mediana
- 2 cucharadas de perejil finamente picado
- 3 cucharaditas de salsa Worcestershire
- 2 cucharadas de salsa de tomate
- 3 cucharaditas de mostaza dijon
- 1 1/2 cucharadita de sal
- 1 cucharada de café con pimienta
- 1 cucharada de aceite de oliva para cepillar la parrilla / asador

preparación

1. Pica el perejil y la cebolla lo más pequeños que puedas. Deben ser diminutos, ya que los sentirás mucho al comer la hamburguesa. Mézclalos con la carne picada, agrega kétchup, salsa inglesa, mostaza, sal y pimienta y vuelve a mezclar. Cuando todo esté bien mezclado, ¡es hora de calentar! *haciendo en el plato*

2. Calentar un plato a fuego medio / alto. Hacer bolitas con la carne sazonada o moldearlas en forma de hamburguesa. Unte el plato con aceite de oliva y agregue las hamburguesas. Si hiciste las bolas, aplástalas con una

espátula para que tengan forma de hamburguesa.

3. 3- Cuando se dore, voltea el lado, espera a que se vuelva a dorar y ¡ya está listo!

haciendo en el horno

1. Precalienta el horno a la temperatura más alta.

2. Unte la sartén con aceite, moldee la carne en forma de hamburguesa (o haga bolitas y aplánelas con una espátula) y colóquelas en la sartén.

3. Colocar en un horno precalentado y dejar que se dore por debajo (el nuestro duró unos 5 minutos). ¡Gira el lado para que se dore por el otro lado y listo!

82. Hamburguesas de calabaza

ingrediente

- ½ de calabaza mantecosa, cortada en medias lunas
- ¼ de taza de quinua cruda
- 1 cebolla picada
- 3 o 4 dientes de ajo
- 1 taza de nueces picadas
- 1 pizca de pimienta de cayena
- sal y pimienta negra recién molida, qb
- 1 taza de pan rallado (opcional) **preparación**

1. Enciende el horno a 180 ° C para calentarlo. Coloque la calabaza en una bandeja de horno baja y ancha, sazone con sal, pimienta negra y un chorrito de aceite. Envuelve el ajo en un

trozo de papel pergamino y colócalo con la calabaza. Hornee hasta que ambos estén cocidos / tiernos. Después de eso, pele la calabaza y el ajo, y triture todo con la ayuda de un tenedor.

2. Por separado, sofreír la cebolla y un chorrito de aceite. Cocine hasta que esté transparente (sin quemarse). Reserva.

3. Mientras tanto, cocine la quinua según las instrucciones del paquete. Coloque todas las preparaciones (excepto la quinua) en un procesador de alimentos y pique hasta que quede suave. Me gusta dejar algunas piezas más juntas. Envuelve la quinua y si crees que es necesario formar más aleación, agrega también el pan rallado (o pan rallado).

4. Si te gusta, agrega una pizca de pimienta de cayena y rectifica el resto de condimentos. Después de que esta pasta esté fría, moldee de 10 a 12 hamburguesas, colóquelas en una fuente y refrigérelas para ayudar a mantener su forma, antes de cocinarlas.

5. Puedes cocinarlos en una sartén antiadherente (ten mucho cuidado al manipularlos), o cocinarlos en el horno a 180 ° C, como yo hice (así me resultó más fácil).

Sirve con estos maravillosos panecillos. El resto del relleno es tu elección, pero un poco de hojas de lechuga o rúcula siempre es bueno.

83. hamburguesa de frijoles

Ingredientes:

- 3 tazas. de frijoles cocidos y escurridos (yo usé frijoles negros)
- 1 taza. de cebolla picada
- 1/2 taza. de harina de arroz
- Aceite vegetal Negro
- Pimienta al gusto
- Sal al gusto

Preparación

1. Coloque los frijoles en un bol y tritúrelos con un tenedor. No necesitas triturar todos los

frijoles, puedes dejar algunos enteros para darle textura a la hamburguesa;

2. En una sartén, calienta un poco de aceite vegetal, yo usé unas 2 cucharadas. Agregue la cebolla y cocine hasta que esté dorada;

3. 3- Agrega el puré de frijoles y mezcla con la cebolla. Sazone con sal y pimienta al gusto. Si la mezcla está demasiado blanda, con mucha agua, déjala cocinar un rato más. Remueve sin parar hasta que la mezcla comience a espesarse;

4. Apaga el fuego y espera a que se caliente. Recuerda que después de enfriar la mezcla se volverá más densa. No se preocupe si todavía está suave y pegajoso;

5. Agrega la harina de arroz y mezcla;

6. Engrasa tus manos con un poco de aceite vegetal y moldea las hamburguesas al tamaño que prefieras;

7. Calentar una rodaja de aceite vegetal y freír la hamburguesa por ambos lados hasta que esté dorada y crujiente. Fríe solo lo que vas a consumir de inmediato. Configure su refrigerio de la manera que prefiera.

84. Bollos de hamburguesa con harina de cáñamo

ingredientes

- 1 paquete de levadura seca
- 200 ml de leche
- 1 pizca de azucar
- 170 g de harina de trigo (suave)
- 40 g de harina de cáñamo
- Algo de nuez moscada
- 1 cucharadita de curry en polvo
- 1/2 cucharadita de sal
- 1 huevo
- 3 cucharadas de aceite de oliva

preparación

1. Mezclar el germen seco con la leche, el azúcar y un poco de harina de trigo y dejar reposar durante unos 15 minutos en un lugar cálido, cubierto con un paño húmedo.

2. Amasar con el resto de la harina, la harina de cáñamo, la nuez moscada, el curry en polvo, la sal, el aceite y la yema de huevo (poner la clara de huevo a un lado para cepillar) para formar una masa suave. Min. Deje reposar durante 30 minutos.

3. Amasar bien la masa una vez más, darle forma de rollo y cortar en 6 partes iguales. Gire cada parte sin apretar entre las manos ahuecadas hasta que la masa tenga una superficie lisa.

4. Coloque en una bandeja para hornear forrada con papel de hornear (no demasiado juntas) y cubra nuevamente durante aprox. 15 minutos. Pincelar con la clara de huevo y hornear en el horno precalentado a 220 ° C durante unos 15 minutos.

85. Hamburguesa de atún

ingredientes

- 600 g de atún (fresco, calidad sashimi)
- 1 manojo de perejil
- 1 manojo de albahaca
- 1 manojo de menta
- 4 tallo (s) cebolletas
- 1 pizca de cilantro (molido)
- 1 limón (jugo y ralladura de limón)
- 1 chile (finamente picado)
- 2 cucharadas de aceite de oliva
- sal
- Pimienta (recién molida)
- Hojas de lechuga

- 4 rollos de ciabatta (o rollos de hamburguesa)
- 1 pieza de limón (en rodajas)
- Salsa de tomate **preparación**

1. Para la hamburguesa de atún, mezcle el atún, las hierbas, las cebolletas, el cilantro y la ralladura de limón con la guindilla en un bol. Alternativamente, si desea una versión más casera, pique finamente todos los ingredientes y mezcle bien.

2. Coloque la mezcla en una superficie de trabajo limpia y córtela en 4 trozos. Pica el atún y divídelo en hamburguesas (CONSEJO: el pescado no se pega tanto con las manos mojadas), primero dale forma redonda y luego presiona con la mano.

3. Deje reposar las hamburguesas de atún terminadas durante media hora con film transparente o algo similar. Precalienta la sartén o, lo mejor de todo, el grill. Unte las hamburguesas con aceite por ambos lados y espolvoree con sal y pimienta.

4. Freír cada pan durante aprox. 2 minutos por ambos lados, o en cualquier nivel de cocción.

5. Dorar los bollos de hamburguesa ligeramente en una parrilla o sartén con costillas y luego cubrir cada hamburguesa con las hamburguesas de atún. Decora con kétchup, hojas de lechuga marinadas y, si quieres, una rodaja de tomate.

86. Hamburguesa de tocino

ingredientes

- 500 g de carne picada (mixta)
- 6 panecillos (comprados o caseros)
- 120 gramos de tocino
- 1 pieza de cebolla
- 1 tomate
- 6 rebanada (s) de gouda
- 6 hojas de lechuga
- Salsa de tomate
- sal
- mayonesa

☐ pimienta

preparación

1. Para la hamburguesa de tocino, sazona la carne con sal y pimienta, forma rodajas finas y sofríe en un poco de aceite.

2. Fríe el tocino hasta que esté crujiente. Corta los bollos. Primero unte con salsa de tomate, luego ponga la carne encima y luego cubra con tomate, cebolla, lechuga y tocino.

3. Adorne con mayonesa.

87. Hamburguesa Shimeji

Ingrediente

- Shimeji - 400g (2 bandejas) ☐ Pan rallado - 1/2 taza (40 g)
- Cebollino - 1/2 taza (35 g)
- Harina de trigo integral - 1/4 taza (35 g)
- Aceite vegetal - 1 cucharada (15 ml)
- Shoyu - 1 cucharada (15 ml)
- Ajo - 4 dientes (20 g)
- Sal - 1 cucharadita (5 g) Negra
- pimienta al gusto (opcional)

preparación

1. En una cacerola grande, caliente el aceite y agregue el ajo pelado y picado. Saltee hasta que esté ligeramente dorado.

2. Separe el shimeji del manojo con las manos y lávese rápidamente con agua corriente para no absorber demasiada agua. Seque con un paño de cocina limpio para eliminar el exceso de líquido.

3. Transfiera los champiñones a la sartén y agregue sal, salsa de soja y pimienta negra (opcional). Mezclar bien y cocinar. Para que la hamburguesa tenga la textura y consistencia perfectas, es necesario cocinar el shimeji hasta que la mayor parte del agua se haya evaporado.

4. Transfiera el guiso a un colador y deje escurrir el exceso de agua hasta que se caliente.

5. En un procesador de alimentos agregue el shimeji, el cebollino, el pan rallado y la harina para todo uso. Moler todo hasta que quede suave. No mezclar los ingredientes por mucho tiempo, hacer la mezcla más rústica y gruesa para darle textura a la hamburguesa. La masa

debe estar húmeda y poder moldear sin que se deshaga fácilmente.

6. Divide la masa en cuatro partes iguales y dale forma a las hamburguesas.

7. En una sartén antiadherente calentar un poco de aceite y sofreír la hamburguesa por ambos lados hasta que esté dorada.

8. Arme su bocadillo de la manera que prefiera y sírvalo aún caliente.

88. Hamburguesa de coco con plátano

ingredientes

- 2 rebanadas de pan tostado
- 1 cebolla
- 1 diente de ajo
- 2 huevos (M)
- 1/4 cucharadita de pimienta de cayena
- 1/4 de cucharadita de clavo (molido)
- 1/4 cucharadita de comino (molido)
- 500 g de carne picada (mixta)
- sal
- pimienta
- 175 g de tomates cherry

- 2 plátanos (firmes, todavía un poco verdes)
- 6 cucharadas de coco desecado
- 4 rollos de pita (para relleno)
- 4 brochetas de madera (largas)
- Aceite (para cepillar) **preparación**

1. Para la hamburguesa de coco con plátano, primero remoje el pan tostado brevemente en agua y luego con firmeza. Pelar y picar finamente la cebolla y el ajo y colocar en un bol con los huevos, las especias y la carne picada. Amasar todo vigorosamente, sazonar con sal y pimienta. Forme 4 hamburguesas grandes y planas con la carne picada, cúbralas con papel de aluminio y colóquelas en el refrigerador. Riega las brochetas de madera.

2. Calentar la parrilla. Lavar los tomates cherry, pelar los plátanos y cortarlos en rodajas de 3 cm de grosor. Seque y engrase las brochetas de madera y alterne los tomates y las rodajas de plátano. Esparcir el coco desecado en un plato.

3. Deje que la parrilla se caliente, engrase bien. Gire las hamburguesas picadas en el coco desecado, colóquelas en la parrilla y cocine a fuego medio durante 4-5 minutos por cada

lado, untando con aceite de vez en cuando. Asa las brochetas de plátano y tomate en el borde de la parrilla, unta con aceite y sazona con sal y pimienta. También tueste brevemente los rollos de pita a la parrilla.

4. Rellena los rollos de pita con las empanadas de coco, coloca en un plato las brochetas de tomate y plátano y sirve la hamburguesa de coco con plátano.

89. Hamburguesa en falafel

Ingredientes

Ensalada de col:

- 1/2 taza de col blanca
- 1/2 taza. De col lombarda
- 1/4 taza. De zanahoria
- 1 cucharada. (sopa) de mayonesa
- Jugo de 1 limón
- 2 cucharadas. (sopa) de azúcar
- 1 cucharada. (sopa) salsa de pimienta sriracha
- Sal al gusto *Hamburguesa:*
- 150 g de garbanzos (cocidos)
- ½ cebolla (rallada)
- 1 diente de ajo (picado)

- 2 cucharaditas (sopa) de aceite de oliva
- Jugo de 1 limón
- 1 1/2 cucharada (sopa) de harina de trigo
- 1 cucharada. (té) de cilantro
- 1 cucharadita (sopa) de comino
- 1 cucharada. (café) de pimenta siria
- Sal al gusto

Acompañamientos:

- Cuajada
- pan brioche **preparación**

1. Moler los garbanzos con un poco de aceite y zumo de limón hasta formar una pasta. Transfiera a un tazón y mezcle todos los demás ingredientes. Hacer bolitas, aplicar un poco de aceite, añadir un poco de harina (para que no se pegue) y freír con un poco de aceite a fuego alto hasta que estén doradas.

2. Unte con mantequilla ambas partes del pan y colóquelo en la plancha para que esté tibio y más sabroso. Luego, ponga suficiente cuajada en ambos lados del pan, la hamburguesa y la ensalada de col para terminar.

90. Hamburguesa De Arroz Y Zanahoria Sin

Gluten

Ingredientes

- 2 tazas de arroz cocido o sobras de risotto
- 1 taza de zanahorias finamente ralladas (se pueden procesar)
- 1 cebolla pequeña (usé morada porque eso es lo que tenía)
- 1/4 taza de perejil picado
- 2 cucharadas de levadura nutricional (opcional)
- 1 cucharada de salsa de soja (opcional)

- 1 cucharada de perejil deshidratado u orégano
- 1/4 taza de garbanzo u otra harina sin gluten
- aceite vegetal para engrasar la bandeja de horno
- sal y pimienta a tu gusto

Preparación

1. En un bol mezclar los ingredientes y finalmente agregar la harina. Puedes utilizar cualquier tipo de harina sin gluten. Usé garbanzos porque era lo que tenía en casa. Si lo prefiere, puede utilizar harina integral o blanca en la misma cantidad indicada en la receta. El punto ideal para dar forma a las hamburguesas es cuando ya no se peguen a la mano. Si es necesario, agrega un poco más de harina para poder modelar más fácilmente.

2. Haz bolas del tamaño que quieras y dale forma a las hamburguesas a mano. Coloque en una bandeja para hornear engrasada.

3. Colocar en un horno precalentado para hornear a una temperatura de 180C durante unos 30 minutos o hasta que estén doradas. A la mitad del proceso, voltea las hamburguesas con una espátula para que se asen uniformemente por ambos lados.

4. Está bien, y solo sirve este manjar como prefieras. Lo serví con un plato de ensalada.

   Si quieres armar tu hamburguesa con pan, lechuga, rodajas de tomate y cebolla morada, pepino, aguacate, mayonesa, ketchup ... es simplemente maravilloso.

91. Hamburguesa de zanahoria y sésamo con aguacate

ingredientes

- 400 g de zanahorias (4 zanahorias)
- 1 huevo
- 30 g de pan rallado (3 cucharadas)
- 10 g de tahini (1 cucharadita)
- sal
- pimienta
- 1 pizca de comino molido
- 1 pizca de cilantro molido
- 4 bollos ligeros
- 30 g de crema para ensalada (2 cucharadas)
- 40 g de crema agria (2 cucharadas)
- 2 cucharadas de jugo de limón

- 1 aguacate maduro
- 2 cucharadas de aceite vegetal
- 1 cebolla morada
- 40 g de cohete (manojo)
- 80 g de chutney de mango (4 cucharadas)

Pasos de preparación

1. Pelar y rallar las zanahorias. Amasar con huevo, pan rallado y pasta tahini hasta obtener una masa maleable y sazonar con sal, pimienta, comino y cilantro.

2. Corte los panecillos por la mitad horizontalmente y áselos en la rejilla debajo de la parrilla del horno precalentado con la superficie cortada hacia arriba hasta que se doren. Retirar y reservar.

3. Mezclar la crema de lechuga con la crema agria y sazonar con sal, pimienta y un chorrito de jugo de limón.

4. Cortar por la mitad, quitar el corazón y pelar el aguacate, cortar la pulpa en gajos y mezclar con el resto del jugo de limón.

5. Forma 4 albóndigas con la masa. Calienta aceite en una sartén. Freír las albóndigas a fuego medio por ambos lados durante unos 6 minutos hasta que estén doradas.

6. Pelar la cebolla y cortarla en aros finos. Lavar la rúcula y secar con centrifugado.

7. Extienda la mezcla de crema de lechuga en las mitades inferiores de los panecillos y cubra con gajos de aguacate. Coloque 1 albóndiga de zanahoria en cada una, cubra con aros de cebolla y rocíe con chutney.

   Cubrir con rúcula y colocar encima los bollos.

92. Hamburguesa de avena con remolacha y nueces

ingrediente

- 120 g de avena fina
- 80 g de avena gruesa
- 4 cucharadas de linaza triturada
- 2 remolachas (envasadas al vacío)
- 360 ml de jugo de remolacha
- 2 cebollas rojas
- 2 dientes de ajo
- 3 cucharadas de aceite de colza
- 2 cucharaditas de semillas de mostaza
- 2 cucharaditas de semillas de cilantro

- 4 cucharaditas de pimentón dulce en polvo
- 200 ml de caldo de verduras
- 6 cucharadas de salsa de soja
- 2 puñados de rúcula
- 2 cucharadas de margarina vegana
- 3 cucharaditas de harina de espelta tipo 1050
- 5 cucharadas de hojuelas de levadura
- 1 cucharadita de mostaza
- sal
- pimienta blanca
- 1 pizca de cúrcuma
- 4 bollos de hamburguesa
- 2 cucharaditas de sirope de arce
- 20 g de nueces en mitades

Pasos de preparación

1. Mezcle la avena y la linaza en un bol. Escurrir la remolacha y recoger el jugo, llenarlo con el jugo de remolacha hasta un total de 360 ml. Pelar la cebolla y el ajo, picar 1 cebolla junto con el ajo muy finamente, cortar la otra cebolla en aros y reservar.

2. Sofreír los dados de cebolla y ajo en una sartén con 1 cucharada de aceite, triturar las semillas en un mortero y espolvorear la cebolla con pimentón. Freír brevemente,

luego desglasar con el caldo de verduras, el jugo de remolacha y la salsa de soja, hervir brevemente, verter sobre la avena y dejar en remojo durante 10 minutos.

3. Mientras tanto, corta la remolacha en rodajas finas. Limpiar y lavar la rúcula y secar con agitación.

4. Derretir la margarina en una cacerola, agregar la harina con un batidor, desglasar con 120 ml de agua. Agregue las hojuelas de levadura con mostaza, sal, pimienta y cúrcuma y deje hervir. Deje hervir a fuego lento hasta que se forme una crema espesa.

5. Forme 4 hamburguesas con la mezcla de avena y hornee en una sartén recubierta con el aceite restante durante unos 4 minutos a fuego medio, dé la vuelta y termine de hornear.

6. Mientras tanto, tueste los panecillos de hamburguesa, unte con la mitad de la levadura derretida, cubra con remolacha, aros de cebolla y rúcula, rocíe un poco de jarabe de arce sobre la ensalada, luego coloque las hamburguesas de avena encima, espolvoree con el resto de la levadura

derretida y las nueces y poner la tapa de la hamburguesa.

93. Hamburguesa de pavo y pepino

ingredientes

- 600 g de escalope de pavo
- 12 hojas de lechuga
- 1 pepino
- 6 cucharadas de mayonesa
- 6 rollos de baguette (o 1 baguette grande)
- sal
- pimienta
- Mantequilla (para freír) **preparación**

1. Para la hamburguesa de pavo y pepino, lave las hojas de lechuga y séquelas. El pepino se

lava y se corta en rodajas. Sazone el escalope de pavo con sal y pimienta. Caliente la mantequilla en una sartén y fría el escalope por ambos lados durante 4-5 minutos.

2. Retirar de la sartén y cortar en tiras. Cortar los panecillos a lo largo y cubrir las mitades inferiores del pan con la mayonesa. Colocar las hojas de lechuga y las rodajas de pepino encima, esparcir las tiras de pavo encima y volver a cerrar la baguette.

94. Clásicos de Hamburgo

ingredientes

- 600 g de carne molida
- 2 dientes de ajo
- sal
- pimienta
- 1 cucharada de salsa Worcestershire
- 1 cebolla
- 2 tomates
- 4 rebanadas de queso cheddar (a tu elección)
- 4 bollos de hamburguesa
- 4 cucharaditas de salsa de tomate
- Hojas de lechuga

- 4 cucharaditas de mostaza

preparación

1. Amasar la pimienta picada y triturada, la sal, el ajo y la salsa Worcestershire. Sazone bien y forme 4 hamburguesas con ellas. Pelar la cebolla y cortarla en aros. Lave los tomates, córtelos en rodajas. Asa la hamburguesa durante unos 15 minutos. Vierta el queso encima y cocine a la parrilla durante unos 2 minutos. Corte el panecillo por la mitad, cocine a la parrilla con la superficie cortada hacia abajo durante 1-2 minutos. Unte el fondo con salsa de tomate. Cubra con tomates, cebollas, lechuga, hamburguesa y mostaza. Coloque las tapas enrollables encima.

95. Hamburguesa mediterránea

ingredientes

- 1 pieza. Rollo de pan (o chapata)
- 1 cucharada de pesto de rúcula
- 100 g de queso feta
- 2 cucharadas de ajvar
- 1 puñado de cohete
- sal
- pimienta
- aceite de oliva **preparación**

1. Para la hamburguesa, corte el pan y cubra la base con pesto de rúcula. Cubra con el queso feta y sazone con sal y pimienta. Rocíe con unas gotas de aceite de oliva.

2. Unte el ajvar encima y cubra con rúcula fresca. Cubra con la parte superior del bollo.

96. Hamburguesa de pollo con mahonesa de ajo

ingredientes

Para la hamburguesa de pollo:

- 4 filetes de pechuga de pollo
- 125 ml de zumo de lima
- 1 cucharada de salsa de chile (dulce)
- 4 rebanada (s) de tocino
- 4 bollos de hamburguesa
- 4 hojas de lechuga (verde)
- 4 tomates cóctel
- 1/2 pimiento

Para la mayonesa de ajo:

- 2 yemas de huevo
- 2 dientes de ajo (machacados)
- 1 cucharada de mostaza de Dijon

- 1 cucharada de jugo de lima
- 125 ml de aceite de oliva **preparación**

1. Para la hamburguesa de pollo, mezcle jugo de limón y salsa de chile con mayonesa de ajo y vierta sobre el pollo. Poner en un bol, tapar y dejar reposar durante varias horas. Cortar el pimiento morrón en tiras y mezclar las yemas de huevo, el ajo, la mostaza y el jugo de lima en el robot de cocina para la mayonesa.

2. Deje que el aceite fluya en un chorro fino mientras la máquina está en funcionamiento. Mezclar hasta obtener una mayonesa cremosa y refrigerar. Cortar por la mitad las rodajas de tocino en forma transversal, freír el pollo y el tocino en una sartén caliente durante 5 minutos.

3. Saca el tocino de la sartén y fríe la carne de 5 a 10 minutos, volteándola de vez en cuando. Cubra el rebanadopanecillos de hamburguesa con lechuga, tomate, pollo, tocino y tiras de pimentón.

4. Finalmente, espolvorear un poco de mayonesa de ajo por encima y cubrir con la mitad superior del panecillo. Sirve la hamburguesa de pollo con mahonesa de ajo.

97. Hamburguesa de bistec de lujo

Ingredientes

- 1 filete de solomillo (aprox. 1 kg)
- Sal marina, gruesa
- Panes de hamburguesa
- 4 cucharadas de mayonesa
- romero fresco
- Rábanos en escabeche

Para las cebollas balsámicas:

- 2 cebollas
- 2 cucharadas de aceite
- 5 cucharadas de vinagre balsámico
- 1 cucharada de azúcar morena
- 1 cucharadita de pimentón en polvo
- sal pimienta

Preparación

5. El bistec se espolvorea con sal por ambos lados 30 minutos antes de asarlo a la parrilla. Mezclar una mayonesa de romero con la mayonesa, el romero fresco (1 cucharadita picado) y una pizca de pimienta.

Interrogatorio intenso

6. La parrilla está preparada para asar directa e indirectamente. El bistec se asa primero a la parrilla por ambos lados durante 3 minutos cada uno a fuego alto y directo. Tan pronto como le hemos dado a la carne una buena costra, se mueve hacia el lado indirecto, donde la tiramos hasta el grado deseado de cocción.

7. Mientras tanto, se preparan las cebollas balsámicas. El aceite se calienta en una sartén, luego se agregan las cebollas. Las cebollas se sazonan con pimienta, sal, pimentón en polvo y azúcar. Tan pronto como las cebollas se vuelvan transparentes, vierta el vinagre balsámico en la sartén y continúe

friendo a fuego lento hasta que las cebollas absorban el vinagre balsámico.

8. Una vez que la carne ha alcanzado su temperatura objetivo, aquí tenía 55 ° C en el centro, se corta en rodajas y se salpimenta y sala. La mitad inferior del panecillo se recubre con la mayonesa de romero, la carne, las cebollas balsámicas y las rodajas.los rábanos se colocan encima, ¡listo!

98. Hamburguesa de falafel

ingredientes

Para el falafel:

- 125 g de garbanzos (ya remojados)
- 1/2 cebolla (asada)
- 1 diente (s) de ajo (triturado)
- 2 cucharaditas de perejil (picado)
- 1/4 cucharadita de comino
- 1/4 de cucharadita de cilantro
- 1/4 de cucharadita de cardamomo
- 1 pizca de pimienta
- 1 cucharada de harina
- 1 cucharada de semillas de sésamo

- 1/4 cucharadita de sal

Para cubrir:

- 2 bollos de hamburguesa
- 2 tomates (pequeños)
- 4 cucharadas de lechuga iceberg (cortada en fideos)
- 4 cucharadas de salsa de cóctel **preparación**

4. Para la hamburguesa de falafel, no pique los garbanzos remojados durante la noche con la cebolla y el ajo con una batidora, amase las especias, la sal y la harina. Deje reposar en el frigorífico durante 1 hora.

5. Con las manos húmedas, forma 2 hamburguesas con la mezcla, enróllalas en semillas de sésamo y fríelas en aceite caliente a 180 ° C.

6. Corte los panecillos y tueste hasta que estén ligeramente dorados, cubra con las rodajas. tomates, la lechuga iceberg y la salsa cóctel y colocar las rodajas de falafel encima y cubrir con la segunda mitad del rollo.

99. Hamburguesas de queso y pita

Ingredientes:

- 20 g de requesón para sándwich
- 4 tomates
- 2 panes de pita
- 2 hojas de lechuga verde
- 2 cucharadas de aceite
- 1 cebolla morada
- 0.5 tazas de agua tibia
- sal
- pimienta

Para hamburguesas:

- 200 g de carne de cerdo picada
- 2 dientes de ajo

- 1 huevo
- 1 cucharadita de menta finamente picada
- 1 cucharadita de orégano seco
- 0.5 cucharaditas de pimienta gorda molida **preparación:**

3. Lavar las verduras y escurrir el agua. Pon la lechuga en un plato. Corta los tomates en rodajas. Pelar la cebolla y cortarla en rodajas finas. Remojar el pan de pita con agua tibia, ponerlo en una sartén caliente sin grasa y freír durante 40 segundos por cada lado. Agrega el frito a la lechuga.

4. Preparar las hamburguesas: poner la carne picada en un bol, agregar la menta picada, el orégano seco, la pimienta gorda molida, sazonar al gusto con una pizca de sal y pimienta y agregar un huevo. Amasar todo a mano y luego formar chuletas. Poner todo en aceite caliente en una sartén y freír por ambos lados hasta que se doren. Retirar los fritos del fuego y agregarlos a los ingredientes. Luego agregue el queso sándwich y las verduras picadas.

100. Hamburguesa Halloumi

ingredientes

- 2 ciabatts
- 250 g de halloumi
- 1 aguacate
- 1/2 limón
- 2 cucharadas de aceite de oliva
- 2 tomates
- sal
- Aceite de oliva (para freír)

preparación

1. Para una hamburguesa halloumi, primero corte el aguacate a lo largo, retire el corazón, raspe la pulpa con una cuchara y colóquelo en un tazón pequeño. Mezclar con 2 cucharadas de aceite de oliva, el jugo y la ralladura de medio limón y una pizca de sal hasta que quede cremoso.

2. Cortar la ciabatta en diagonal y untar ambas mitades con la crema de aguacate.

3. Cortar el halloumi en rodajas y freír en un poco de aceite de oliva en una sartén antiadherente hasta que esté crujiente.

4. Unte el queso en las mitades de la chapata, cúbralas con rodajas de tomate y dóblelas.

5. Sirve la hamburguesa halloumi tibia.

CONCLUSIÓN

Las recetas de hamburguesas son a veces rápidas y clásicas, a veces refinadas y de nueva creación: ¡así es como puedes preparar deliciosas hamburguesas fácilmente en casa!

CPSIA information can be obtained
at www.ICGtesting.com
Printed in the USA
BVHW090359130722
641929BV00009B/86